乗せられ、操られ、
ダマされないために…
弁護士が教える7つの盾

ダマされない技術

弁護士
間川 清

法研

ダマしテクの巧妙化により、誰でもダマされ予備軍に！

はじめに

「あれ、俺ってダマされている？？？」

ふとそう感じた私は、今置かれている状況を、私と同じく弁護士である友人に相談しました。話を聞いた友人は笑顔で答えました。

「１００％、ダマされてるね」

私は現在、埼玉県所沢市というところで、弁護士として法律事務所を経営しています。弁護士業務の傍《かたわ》ら、交渉術や謝罪術などをテーマにした本を執筆したり、多忙な毎日を送っています。これまで、弁護士という仕事柄、たくさんのダマされてしまった人からの相談や、詐欺師や山師などの海千山千の人たちとの交渉や裁判を経験してきました。

そんな私ですから、人にダマされることに対する免疫は強く、そうそうダマされることはないという自信がありました。しかしこのときは、あっさりとダマされてしまったのです……（このときの状況は、後ほど詳しくお伝えします）。

警視庁の調査によると、平成25年の振り込め詐欺の被害は、その前年の6割増加しており、被害金額も259億円と前年の5割増加となっているようです。それ以外にも、投資詐欺、和牛商法、ギャンブル情報詐欺など、新聞紙面でこういった詐欺事件のニュースを目にしない日はないと言ってもいいでしょう。

ダマそうとする人たちのテクニックは日毎に巧妙化しています。多くの詐欺師に接してきた弁護士の私でさえ、前述のように簡単にダマされてしまうほどです。

ダマす側の人間の手口は悪質になり、被害金額が多い事件が増えています。一度でもダマされてしまうと、回復できないほどの被害を受けることもあります。また、ダマされたことで仕事を失う場合もあります。そうなったとき、前と同じくらいの待遇の仕事をもう一度確保できるでしょうか。

こんな混沌とした時代を生き抜くためには、個々人が武器を持つ必要があるのは当然ですが、それ以前に自分の身を守るための盾を装備しなければなりません。防御を固めておけば、最悪負けることはないのです。

本書で使っている「ダマす」という言葉は、法律的に詐欺罪にあたるような、違法な詐欺行為だけを指しているわけではありません。もっと広い意味で、たとえば、必要のない商品をうまいセールストークだけで買わせる場合のように、必ずしも違法ではないけれども、後で後悔するような選択をさせてしまう行為も「ダマす」という言葉に含めています。

このような広い意味の「ダマす」行為に対する防衛手段をもっていないと、今の社会では取り返しのつかない罠に陥れられてしまう可能性があるからです。

本書は「弁護士が教える7つの盾」というテーマで、ダマされずにこの世の中を生き抜くサバイバル能力を、読者であるあなたに身につけてもらうことを目標に執筆しました。

一つめの盾は、「ダマされてしまう人の心理法則を知る」ことです。これによって、なぜ人はダマされるのか、人の心理法則がわかります。

二つめの盾は、「ダマそうとする敵の戦略を知る」です。具体的な事例から実際にダマそうとする人が使うテクニックがわかります。

三つめの盾は、「ダマされないための心構え」です。ダマされない人になるために必要なマインドセットをお伝えします。

四つめの盾は、「ダマす相手への反撃方法」です。今現在ダマされそうな状況にある人は、すぐにこの章から読んで実践してください。

五つめの盾は、「ダマされてしまった場合の対処方法」です。残念ながらダマされてしまったときの最善の対応策を紹介しています。

六つめの盾は、「ダマされないための予防方法」です。具体的に実行できるダマされないための予防策をお伝えします。

七つめの盾は、「ダマされないための法律知識」です。難しく考える必要はありません。法律はうまく使えばあなたの身を守る最高の盾になります。

以上の七つの盾を身につけていればあなたはダマされない人になるでしょう。

各盾は、私が経験した具体的な事件、事例を交えて書いています。実在する人々の話です。

本書は、読み物として気軽に読むだけでダマされないための知恵が身につくお得な一冊になっています。本書を通じて一人でも多くの人に、ダマされない人生を送ってほしいと思います。

※本書に登場する事例の人物、設定、状況などは、事案が特定されないために一部変更して記載しておりますので、ご了解ください。

もくじ

盾 その2 ダマそうとする敵の戦略を知る …… 41

盾 その3 ダマされないための心構え …… 69

盾 その4 ダマす相手への反撃方法

盾 その5 ダマされてしまった場合の対処方法

盾 その6 ダマされないための予防方法

盾その7 ダマされないための法律知識

編集協力
装丁…外山尚志
本文デザイン・DTP…ホップボックス

盾その1

ダマされる人の心理法則を知る

もし私が「ダマされないために必要なことはなにか?」と聞かれれば、まず「なぜ自分がダマされてしまうのかを知ること」と答えます。人がダマされる心理法則を知ることは、たとえて言えば、手品のタネを知るようなものです。一度知ってしまえば「なーんだ」と笑い飛ばすようなことですが、知らなければ一生ダマされ続けます。人がダマされる心理法則を理解することは、ダマされないための強力な盾となります。

1 ダマされる心理法則① 恐怖の法則

「先生、私、どっ、どうしたらいいんでしょうか!?」ある日、弁護士である私の事務所に、突然男性から相談の電話がありました。電話をかけてきたのはA田さん。40代の会社員です。電話の声は、明らかに動揺しており、うわずって興奮しています。電話での相談では埒《らち》があかないので、事務所まできてもらうことになりました。

A田さんは、電話をしてからものの10分足らずで事務所まで飛んできました。その顔は真っ青で目が泳ぎ、手は小刻みに震え、心底怯えているようでした。私が話を聴き始めてからも、しばらくは落ちつきを取り戻すことができません。

聞けばA田さんは昨夜、お酒を飲んだ帰りに通行人と肩がぶつかり口論になってしまったそうです。A田さんはそのとき泥酔状態で、口論をしたことだけは覚えていましたが、それ以降のことは記憶になく、気がついたら朝だったそうです。

そして今日、A田さんの職場に、「B」と名のる男性から連絡があり、こう言われたそうです。

「昨日の夜、肩がぶつかったとお前が文句をつけてきて、一方的に殴る蹴るの暴行をふるわれた。そのおかげで手足を骨折して入院中だ。今すぐ治療費200万円を持ってこい。そうしたら示談にしてやる。さもなければ警察に告訴する。警察には知り合いがおり、告訴があればすぐにお前を逮捕すると言っている。お前が勤めている会社にもすべてを話し、クビにしてもらう」

強い口調でこう言われてA田さんは、恐怖のどん底に突き落とされました。相手には記憶がないことも知られてしまいました。もう自分がすぐに逮捕され、犯罪者として会社をクビになり、家庭も崩壊してしまう、そんな光景が浮かびます。なんとかして200万円を支払わなくては…、と思ったもののすぐには都合をつける当てがなく、困って弁護士に相談をしにきたのです。結論から言うと、それは正しい選択でした。

この件については、A田さんは記憶をなくしていたものの、相手方が言うほどの落ち度はありませんでした。これを理由に会社から解雇させることも難しかったでしょう。最終的に弁護士として私が間に入り、相手の男性のけがの程度を確認し、200万円よりはずっと低い金額の示談金を支払って解決しました。

この事例から知っていただきたいことは、こういった事例の対処方法ではなく、いかに「恐怖」が人を動かし、ダマされる原因となるか、ということです。

「人を動かすには2つの方法がある。それは、快楽を得るためか、不快を避けることである」と言われます。これで言うと「恐怖」というのは、この「不快を避ける」に該当します。人は恐怖を感じると、その恐怖から逃れたい一心で相手の言うとおりの行動をとってしまいやすくなるのです。

A田さんの例で言えば、治療費請求の電話を受けて「警察」という言葉に恐怖を感じ、暴行の有無、程度に関わらず「200万円を支払わなくては」と思い込みました。そして、弁護士である私と連絡がとれるやいなや、他の予定をすべてキャンセルし、10分以内に事務所まで駆けつけてきています。

客観的に見れば、A田さんは電話で数分間本当かどうかわからない話をされただけです。それにも関わらず今述べたような行動をとっているのです。恐怖がいかに人から冷静さを奪い、人を動かす力をもっているのかがわかります。

恐怖を感じた場合でも、どのようにすればダマされないですむかは後述します。ここでは、人がダマされる心理法則の1つとして恐怖が存在するということを理解してください。そして、なにかの場面において恐怖を感じたとき、誰かにダマされる隙《すき》が生じているということを自分で気がつけるようにしてください。

恐怖＝ダマされる、この認識をもつことができるだけで、ダマされる危険性を低くすることができます。

2 ダマされる心理法則② 欲望の法則

「欲に目がくらむ」という言葉があります。当たり前の話ですが、実際に目が見えなくなるわけではありません。「欲に目がくらむ」というのは、欲望によって目の前のできごとを正しく見ることができなくなり、ダマされやすい状態になってしまうということをあらわしています。ひとたび目がくらんでしまえば、詐欺師にとってその人をダマすことはたやすいことです。

私が日々相談を受けている「ダマされてしまった人たち」の多くに共通するのがこの欲望です。冷静に考えれば「誰がどう見てもダマされていることはわかるよね」ということでも、欲望に目がくらんでしまいダマされるのです。

私がたびたび被害相談を受ける種類の詐欺に、いわゆる海外宝くじ詐欺と呼ばれているものがあります。その手口はこうです。

あるとき、突然知らない会社からエアメールで手紙が送られてきます。海外の住所からですが、中身はなぜか日本語。そして封筒の外側には「高額当選金（3000万円）を受け取るチャンスが当たりました!!」などと書かれています。

封筒を開けて中身を見てみると、海外の宝くじ運営会社らしいところから、自分が高額の当選金を受け取る権利を得たとあります。その時点で十分怪しいでしょう？

中の書類を読んでいくと、「海外宝くじの高額当選金を受け取るチャンスがある」「かなりの高確率で当たる」「厳正な抽選を経て、幸運にもあなたが当選金を受けとるチャンスに恵まれた」ということが書かれています。

そして、「実際に配当金を受け取るには、宝くじ会社に登録が必要であり、ついては、以下の振込先に登録料金5千円をお支払いください。支払い方法はクレジットカードのみです」といった案内が同封されています。

そんなことは誰も信じないと思うでしょう。ところが高額当選金という言葉に「欲望」をおぼえ、目がくらんだ人はこう考えます。「たった5千円で大金が受け取れるなら…」。

その結果はこうです。指示どおりクレジットカードの番号を記載して返送したところ、その後海外宝くじ会社からは一切の連絡がなく、振り込んだ登録料が丸々ダマし取られます。それどころか毎月継続して5千円の費用が引き落とされていたり、5千円以上の高額な金銭が請求されたりすることもあります。

このような海外宝くじ詐欺に引っかかってしまうのはなぜでしょうか？　相談者の

方に、実際に送られてきた手紙などをすべて見せてもらいましたが、一見しただけで怪しいとわかる、いかにも胡散《うさん》臭い文書です。普通の人であれば詐欺だと見抜くでしょう。

それにも関わらず、このような怪しい宝くじ詐欺にダマされてしまうのは、「欲望」のなせる業です。最初はいかがわしく感じていても、読んでいるうちにだんだんと「高額当選金がもし当たったら…」などと考え始め「もしかしたら、本当にお金がもらえるかもしれない」という、欲望を抱くようになるのです。

欲望という感情は、時間が経過するうちに大きくなっていく性質があります。最初はまさか、と思っても、「もしかしたら」という小さな欲望が、だんだんと大きくなり、真実が見えないほど目がくらんでしまうようになるのです。

私に相談にきた依頼者も「最初は『こんなの絶対にウソだ』と思っていたのに、だんだんと『もしかしたら本当かも』と思うようになった」と言っていました。

このように、「欲望」は人がダマされる大きな原因です。そして、詐欺師や人をダマして自分がメリットを得ようと思っている人は、そのことを知っています。あなたの欲望を刺激して、あなたをダマそうと考えているのです。

3　ダマされる心理法則③　お返しの法則

あなたは土産物店などで、試食をさせてもらった後、最初はそんなに欲しくないと思っていたお土産を買ってしまったということはありませんか？　私はこのようなことがよくあります（笑）。

人間には本能的に相手のしてくれた行動に対して、何らかのお返しをしたくなるという心理法則があります。このような法則のことを「返報性《へんぽうせい》の法則」と呼んだりします。要するに人は、他人に対して借りのある状態が気持ち悪く、それをきちんと返してバランスを保ちたい生き物なのです。

海外の実験で、通行人に寄付を求める際、ただ単に寄付を呼びかける場合と、まず最初に無料で花をプレゼントし、その後寄付を呼びかける場合で、どちらが多く寄付を得られたか調べたものがあります。

結果は明らかで、最初に花を無料でプレゼントした場合のほうが圧倒的に多くの人が寄付を行いました。理屈で考えれば、花をプレゼントしてきたのは相手であり、こちらが花を要求したわけではありません。ですから、花が欲しいと要求した場合ならともかく、こちらが相手の行動にお返しをする必要はないのです。しかし実際には、多くの人が寄付をしました。

このような返報性の法則が利用された例では、私の友人C夫の例があります。彼はある観光地を旅行し、山中にある有名な寺院を目指しレンタカーを運転していました。しかし、カーナビの指示どおりに運転したものの、到着したのはその寺院とは別の場所でした。C夫が立ち往生していると、そばにバイクを停めていた、地元の人らしき人が声をかけてきました。その地元の人は、「○○寺院に行きたいのですか？　カーナビ情報が間違っていて、ここについてしまう人が多いんですよね。迷っているようならバイクで案内しましょうか？」と言ってくれました。C夫は、「地元の人が親切に助けてくれた！」と喜び、道案内をお願いしました。

そしてその人の誘導で、C夫は無事目的の寺院近くの駐車場につくことができました。そこでC夫は車を降り、感謝の言葉を伝えました。するとその人は、「この駐車場は土産物店D店の駐車場で、駐車料金は1000円だけど、お土産を1500円以上買ってくれたら駐車場料金は無料になります。よかったら利用してください」と言ったのです。なんと、このバイクの人物は、土産物店D店の店員さんで、友人C夫を道案内して自分の店に連れてきたのです。

その駐車料金は、相場より少しだけ高い金額でした。友人C夫は、道案内をしてもらったのだから…、という気持ちから、釈然としない気持ちがありつつも、その土産物店の駐車場を利用することにしたそうです。

この話を聞いて、D店のやり方を「ひどいやり方だ」と考えるか、「道案内で助かったのだから問題はない」と考えるかは、人によって意見が分かれるかもしれません。

いずれにせよ考えて欲しいのは、道案内をしてもらうことがなければC夫は相場より高い駐車料金の駐車場を利用しなかった、ということです。

「道案内をしてもらう」という恩を受けていたからこそ、C夫はそのお返しとして「高い駐車料金を支払う」という行動をしたのです。

このように、返報性の法則には、人に意に反する行動をさせる力がある、ということを認識しておいてください。

相手方がなにか自分にプラスの行動をしてくるとき、返報性の法則を使っているのではないかと考え、一瞬立ち止まってみましょう。

4 ダマされる心理法則④ 一貫性の法則

E子さんという方から相談を受けました。E子さんは、10年近く前から、妻子のいる男性と不倫関係を続けているとのことでした。E子さんいわく、その男性は出会ったとき「妻とうまく行っていないから、近々離婚するつもりだ」と、言っていたそうです。女性はその言葉を信じ、じきに離婚するのだと思って、本当はしたくない不倫関係をその男性と続けてきました。しかし、そうこうしているうちに10年が経ち、まったく男性が離婚する気配もありません。「相手の男性にはまるっきりダマされました。見限《みかぎ》ろうにも私は婚期を逃してしまった。なんとかなりませんか?」という相談でした。

客観的に見れば、「E子さんは適当な口約束でダマされて、都合よく関係を続けさせられただけ。相手の男性には初めから離婚してE子さんと結婚をするつもりなんかない。もっと早く気づいていれば…」と思うでしょう。私もそう思いました。

しかし、E子さん自身は、10年経過して初めて自分はダマされているのではないかと疑問に感じたのです。なぜこんなことになってしまったのでしょうか?

その答えは、「一貫性の法則」にあります。人間には、自分の過去の言動と今の言動を常に一致させておきたいという心理法則があるのです。

一貫性の法則に関して、アメリカで行われた興味深い実験があります。それは家の庭に「安全運転をしよう」という大きな看板を設置するよう人々に依頼する実験です。家が隠れるほどの大きな看板であるため、ほとんどの人はこれを拒否します。ところが、あることを事前に行った人達は高い確率でこれを承諾したそうです。あること、というのは、大きい看板の設置を頼む数週間前に、その人達に「安全運転をするドライバーになろう」という小さなステッカーを家に貼ってもらうように頼むのです。そのくらいなら多くの人が貼ることに同意します。しかしそのために人は「安全運転を重視する」という点に関し、一貫した行動をとらなければならない、と考えて大きな看板を設置することも受け入れてしまうのです。「安全運転」を呼びかける看板の設置を拒否することは、安全運転を重視するという自分の行動と一貫しない行動であるため不快に感じるのです。

E子さんの話に戻ります。E子さんは近々離婚するという男性の話を信じ、男性の離婚を待つことにしました。そして数ヵ月後「まだ離婚しないの」と問い詰めると、男性は「話し合いでは解決しないので、今度は裁判所で調停をする予定だ。半年は待って欲しい」と言いました。後はそれのくり返し。尋ねるたびに、のらりくらりと同じような理由が語られ、時間が過ぎていきました。

E子さんが、男性を信じて関係を続けてしまった理由がわかるでしょうか。E子さんは最初の段階で、男性の「もう少しで離婚するから待って欲しい」という言葉に感激し、深い愛情で応えようと思ったのです。そうして自分は、「愛する男性のために離婚するまで待つ」という認識をもってしまいました。これでE子さんの「自分は愛のために待つ人間である」という一貫性の法則にスイッチが入ります。

その後男性に、何度となく離婚を引き延ばされても、E子さんは「離婚するまで待つ人間である」という一貫性を保ちたいので、幾度も男性の言い分を受け入れてしまいます。なぜなら、そこで「話が違う！」と言って交際を終わらせたりすると「自分は愛のために待つ人間である」という認識に矛盾し、一貫性を捨てることになってしまうからです。一貫性の法則が怖いのは、自分でも薄々おかしいなと感じていても、行動を切り変えるのが難しい点にあります。それによって長期間にわたってダマされ続ける結果になり、損害が大きくなることもあるのです。

あなたは、理不尽に思えるような関係を誰かと続けていないでしょうか？　自分が一貫性の法則の罠にはまっていないかどうか確認してみることをおすすめします。

5 ダマされる心理法則⑤　みんなと同じの法則

その老夫婦は疲れきった顔で、当事務所に相談にきました。名前はＦ山さん夫婦としておきましょう。旦那さんの年齢は75歳、私の親にも近い年齢です。

相談内容はいわゆるリフォーム詐欺の一種です。Ｆ山さんの持ち家は古く、建ててからもう40年近く経過しており、玄関に使用されているタイルがひび割れるなど老朽化が進んでいました。そのため、玄関タイルを修理する業者を電話帳で調べ、連絡をしました。

業者はすぐにやってきて、玄関タイルの状態を調べ、数日後にリフォーム費用の見積もりを見せました。

Ｆ山さんはその金額を見て驚きました。材料費や修理費を含めて約２００万円もかかるというのです。玄関タイルの修理としては高すぎるように感じられました。「たたき部分に良質な石材を使用するから」というのが業者の言い分でした。Ｆ山さん夫婦は、そうであれば石材の品質を下げても良いと考えましたが、結局業者のある一言がきっかけとなり、言うとおりの内容で契約をしてしまいました。

その結果はさんざんなものでした。完成した玄関は、実用に耐えない酷《ひど》いものでした。良質な石材のはずが、高級感がありません。常に石から細かい塵《ちり》が出ている状態。掃除をせずに置いておくと1週間で玄関が塵まみれになってしまいます。業者にクレームを言ったところ、「しばらく使っていれば石が馴染んで塵は出なくなる」とごまかされます。他のリフォーム業者に見てもらったところ、使用されている石は極めて粗悪品で玄関での使用には耐えないものであることがわかりました。また、その石材の質から考えて200万円の代金が不当に高いことがわかりました。

このような目にあってしまったF山さんですが、「費用が高い」ことを疑っていたにも関わらず、なぜ悪徳業者の言うとおりの内容で契約してしまったのでしょうか？その答えは、業者の「玄関は家の顔。費用を惜しんではいけないところです。他のお客様もみんな費用はケチらず、こちらの石を選んでいますよ」という言葉でした。Aさん夫婦は、家のリフォームに関する知識がなかったため「みんながそうしている」と聞かされて、みんなと同じように高い費用をかけ、みんなと同じようにこの石を選べば間違いはないだろうと、心を動かされ、業者を信用し、契約してしまったのです。

このように「みんなと同じ」という言葉は、人を動かす大きな力を持っています。

人は自分の選択に自信がないとき「みんなと同じ」と言われると、同じものを選択してしまうのです。

人はみんな、失敗したくありません。自分には知識がないけど、失敗する選択はしたくないと考えるとき、一番無難な選択基準は、他の人がどのような選択をしているか？　ということになります。これは大抵の場合には間違っていません。多くの人がその選択肢を選択するということは、それだけその選択肢が多くの人から評価されているということの証拠だからです。

そのことをダマす人間はわかっています。「みんなと同じだから」と安易に考えてしまうとダマされる結果となってしまいます。もしも、F山さんが契約前に一言「そんなにみんなが選んでいるなら、この石材を使用した施工例を見せてほしい」と言っていたら、その後は違ったかもしれません。

決断を迫られたとき「みんなもそうしている」と言われたら、本当にみんなそうしているのか？　そして、そうしたみんなはその後どうなったのか？　を確認してみてください。

6 ダマされる心理法則⑥ 好意の法則

いわゆる結婚詐欺と呼ばれる犯罪があります。たとえば男性をダマそうとする女性が、被害者となる男性に近づき、自分に好意を持つように巧みに仕向けます。そして結婚をほのめかしながら金品を要求するのです。男性はすっかり恋にのぼせ上がっていますから結婚してもらうためにも女性からの要求に精一杯応えようとします。けれども、実際に女性と結婚に至ることはありません。女性はある日、男性が貢いだ金品とともに姿を消してしまうのです。

このような結婚詐欺は昔からたくさん事例があります。私も、これまで多くの依頼者から相談を受けてきました。それにも関わらず、なぜ結婚詐欺の被害者となる人は絶えないのでしょうか？

それは、「好意の法則」が働いているからです。人は、好意を持っている相手に対しては、相手の意図に沿った行動をとりやすいという法則があるのです。

一昔前に「アッシー君」「メッシー君」という言葉が流行しました。アッシー君とは、好きな女性のために、深夜でも車で送り迎えをするなど女性の足となる男性で、メッシー君とは、食事をご馳走する男性のことです。彼らは、相手の女性に好意を抱いているが故に女性の意図通りの行動をしてしまうのです。よく「恋は人を盲目にさせる」と言いますがまさにそのとおりなのです。

結婚詐欺もこの「好意の法則」を利用した犯罪に他なりません。交際相手の好意を利用して、お金や品物をダマし取るのです。

最近の報道でも、このような好意の法則が利用されている事例がありました。

婚活サイトを利用した悪意あるセールステクニックです。まず、マンション販売会社の男性営業マンが婚活サイトに登録し、婚活中の女性と知り合います。

男性営業マンは女性と交際を始め、言葉巧みに、女性が自分に対して強い好意をもつように仕向けます。そうして女性が男性に好意を寄せるようになってから、自分が扱っているマンションを購入するように話を持ちかけました。交際を始める時点では、自分がマンション販売会社の社員であることを明かしていないようです。そして、女性が、男性営業マンの意図どおりにマンションを購入した後、男性営業マンは女性との関係を疎遠なものにし、交際関係を終了させたというものです。

このようなやり方はまさに「人は好意を感じている相手の意図どおりに行動してしまう」という好意の法則を悪用している例と言えます。マンションは相場より高かったり、価値が低い場合があります。マンション以外にも、アクセサリーや絵画などの高額な商品を中心にいろいろな手口を使った類似事例が増えています。またダマす人間も、営業マンとは限らず、業者に雇われた素性のわからない人間であることもあります。

この事例が巧妙なところは、結婚詐欺のように男性が直接女性から金品をだまし取るという行為はしていないところです。あくまでも、交際関係になった女性に対し、自社から不動産を購入させているだけに過ぎないのです。不動産を購入する契約をしたのは、あくまでも不動産会社とその女性で、男性は契約には関わっていません。そう考えると、男性に責任があるとは言いにくくなるのです。

しかし、普通にセールスをしても売れない不動産を、恋愛感情をエサにして売りつける行為は、許されるものではありません。

不動産を購入してしまった女性たちも、好意の法則が適用されていない冷静な状態であれば、そのような契約はしなかったでしょう。

自分が特定の相手に対して好意を抱いているとき、自分はダマされやすい状態なのだということを覚えておいてください。

7 ダマされる心理法則⑦　専門家の法則

深夜にテレビを観ていると、さまざまな商品がテレビショッピングで売られています。私もそういった番組についつい引き込まれてしまうことがあります。

このような番組では、よく専門家が出てきてコメントしています。たとえば、ダイエット器具であれば「医師○○氏」や「ダイエットトレーナー○○氏」といった人たちが、いかにその商品がダイエットに効果があるか、医学的な専門用語などを交えながら話をしています。商品の説明に続いてこんな専門家による理論の裏付けがタイミング良く挟まると「なるほど！それは効果がありそうだ！」と思わず納得。商品がより魅力的に見えます。このように私達には、「専門家の意見を信用する」という心理法則があります。

私達は、幼いころから、たとえば学校の先生に勉強を教えてもらって受験に受かったとか、医者の言うとおりにしていたら病気が治ったというような経験を重ねて、「専門家には従うべき」という思考が植えつけられているのです。

多くの場合、専門家は専門的な知識と経験を持っているのですからそう考えて良いのですが、しかし、これを悪用しようという人もいます。

当事務所に相談にきた21歳の男性、G川さんもそのような「専門家の法則」でダマされかけた一人でした。

G川さんは仕事帰りに些細なことから、通行人とけんかになり、自分も相手の胸ぐらをつかんでしまい、もみ合いの状態になりました。警察官に仲裁されてその日は話が収まり、G川さんは相手の男性と連絡先を交換しました。

後日、G川さんのところにその男性から電話があり「骨折をして数ヵ月仕事ができないので、その間の給料分を損害賠償金として払ってくれ」と言うのです。その金額は数百万円と高額で、休業補償としても納得できるものではありません。警察官と話をしているときに痛そうなそぶりはしていましたが、G川さんが胸ぐらをつかんだことでそんなに大けがをしたのでしょうか？

G川さんが要求を突っぱねると、相手は「弁護士を連れてくるので一度会って直接話がしたい」と言い出します。気が強いG川さんは、自分に数百万円を払わなければならないような落ち度はないと確信していたのでこれに応じ、相手方の男性と弁護士と面会します。その弁護士は、法律事務所名の入った名刺をG川さんに渡し、専門用語を多用しながら「今回の問題はすべてG川さんに責任がある。求めている賠償金は法律的に妥当である。支払いをしないのならすぐに裁判を起こす。そうなれば会社にもばれて仕事が続けられなくなりますよ」というのです。

　Ｇ川さんは、それまで相手の要求を拒否していましたが、弁護士にもっともらしくそう言われると「専門家の言うことだし…」と、その説明が正しいように感じ、要求どおりに支払いをしなければいけないと考えるようになってしまったのです。

　これが「専門家の法則」の怖い部分です。Ｇ川さんは、それまでの相手の説明をまったく信じていなかったにも関わらず、「弁護士」という専門家が登場することにより相手の話を信じるようになってしまったのです。しかし、やはりどこか納得がいかなかったのでしょう。

　Ｇ川さんは支払いをする直前で、思い立って私の所に相談にきた結果、被害を受けなくて済みました。ちなみに、弁護士はまったくの偽物で、その自称弁護士の説明は法的に少しも正しくない内容でした。

　そんな偽物でさえ、専門家の威《い》を借りることでＧ川さんをダマせたくらいですから、人は専門家を前にすると考えるのをやめてしまいダマされやすくなるということです。このことを忘れないようにしてください。

8 ダマされる心理法則⑧ 残り一つの法則

「期間限定！秋だけの梨風味」「冬限定のゆず味」などなど、季節や期間を限定して売り出されるお菓子や食品などがあります。このような期間限定品をみると、「今しか買えないから!!」という理由でついつい買ってしまいます。

しかし、よくよく落ちついて考えると、夏は夏限定の味、冬は冬季限定風味など、一年中、期間限定をうたいながら売られていることに気がつきます。

なぜこういった期間限定品を売るのでしょうか？

それは、人は手に入れるのが難しいものに高い価値を見出しやすいという心理法則があるからです。私はこれを「残り一つの法則」と呼んでいます。

海外で行われた実験にこのようなものがあります。実験を受ける人に、同じ味のクッキーを二つ食べてもらい、どちらのクッキーがよりおいしいかを答えてもらいます。

ポイントは、そのクッキーの置かれた状態が異なるということです。クッキーはそれぞれ瓶に入れられていますが、片方のクッキーはたくさんのクッキーが入った瓶に入れられています。もう片方は、瓶の中にクッキーは一つしかありません。

両方のクッキーを食べた後、どちらがおいしかったか聞くと、圧倒的に多くの人が瓶の中に一つしかクッキーがなかった方、つまり残り一つの状態のクッキーがおいしいと答えたのです。この調査結果から、人は数が少なかったり、手に入れるのが難しいものに対して高い価値を感じるということがわかります。

このような「残り一つの法則」を使ってダマされてしまったのが、H谷さんでした。H谷さんは、50歳代の男性。手口はいわゆる原野商法と呼ばれる昔からある詐欺です。原野商法というのは、田舎にある未整備で価値がない土地について「将来新幹線の線路ができる予定なので絶対に価値が上る」などと言って、相場よりずっと高い法外な値段で土地を売りつけるという詐欺です。

H谷さんも、東北にある田舎の土地を怪しい不動産業者から紹介されました。現地を見にも行きましたが、将来値上がりするとは思えない土地です。不動産業者は「極秘情報だが、近い将来鉄道の駅が建設される予定がある。そうなれば絶対に値上がりするので今のうちに買っておいた方がいい」と言うのです。しかし、H谷さんは購入を決める気にはならず、その場では買いませんでした。

すると翌日、不動産業者から連絡があり「紹介した土地のうち、A土地とB土地は売約が入り売れなくなったので念のためお知らせします」と言ってきたのです。それから毎日のように「C土地も売れてしまった」「D土地も売約した」と連絡がくるようになりました。最初のうちは、「本当に売れたのか？」と思っていたH谷さんも、日に日に残りの土地が少なくなる報告を聞いているうちに、自分がとんでもない儲けのチャンスを逃しているのではないかと思うようになったのです。そして不動産業者が「もう最後の一区画であるZの土地しか残っていません」と言ってきたとき、「良かった、間に合った！」という思いですぐに購入してしまったのです。

結局その土地に駅ができることはなく、H谷さんの手元には、税金だけがかかる無価値な使い道のない土地が残りました。初めは買う気もなかったH谷さんが、最後には購入できたことに感謝するまでに至ってしまったのは、ひとえに不動産が残り一つしかないという状態になった（と思わされた）からです。

「期間限定」と書かれた商品をついつい買ってしまうあなた。お菓子や食べ物ならまだ良いですが、高額な商品やサービスを期間限定といううたい文句だけで買ってしまうのは危険ですのでくれぐれも気をつけてください。

9 振り込め詐欺は見事にすべての法則が使われている

これまでに挙げてきたダマされる心理法則は、実際のダマしの場面で使われる場合、どれか一つの法則だけが使われることは少なく、大抵いくつかが同時に使われています。

これらの心理法則は、一つだけでも充分に人の心を動かしますが、一度に複数の法則を利用することで、人はいとも簡単にダマされてしまうのです。

これらのダマされる心理法則を見事（？）と言ってよいほど使いつくしているのが振り込め詐欺です。警視庁のまとめによると、振り込め詐欺を含む特殊詐欺の被害総額は、平成25年には４８６億９３２５万円におよび、過去最悪であった平成24年の被害総額を約33％上回るそうです。

振り込め詐欺という言葉が流行して、すでに相当の年月が経過しています。それにも関わらず、被害が拡大しているのは振り込め詐欺の実行組織が、人がダマされる心理法則を日々研究し、フル活用して新たな手口を次々に生み出し、人をダマしているからなのです。

私が振り込め詐欺の詳しい手法を知ることになったのは、振り込め詐欺で捕まった犯人I夫くんの弁護活動をしたからでした。I夫くんは、20歳そこそこの青年で、振り込め詐欺組織では末端の立場にいる「出し子」という被害者からだまし取ったキャッシュカードで銀行口座から現金を引き出す役目をしていました。

I夫くんを弁護する中で知ることができた振り込め詐欺事件の手口は次のとおりです（なお、事件の特定を防止するため一部事実関係を変更しています）。

まず、「かけ子」と呼ばれる役割の人間が無作為に個人宅に電話をかけます。高齢の女性など、ダマされやすそうな人が電話に出たら、かけ子は、「○○銀行の者ですが、あなたの預金口座が不正に使用されています。このままでは預金が第三者に引き出されてしまう可能性があります」と言って、被害者を不安にさせます。

そして「今から銀行の担当者が、ご自宅までキャッシュカードと通帳を取りに行きます。その際、確認のため暗証番号を言ってください。すぐに取引停止手続きができれば被害を受けることはありません。ただし、手続きが遅れると取り返しがつかないことになりますので必ず在宅していてください」と言うのです。

そのときさらに「当行では直ちに警察に通報し、警察と連携して対処しますのでご安心ください。同じような被害にあわれている方はおりますが、当行の指示どおりに対処していただければ問題ありません。指示どおり対応していただけますね」と言うのです。

被害者としては突然の電話に驚きますが、突然のことで何もわからないため、電話の指示に従ってしまいます。

自宅で待っている被害者のところへ、銀行員を装った「出し子」と呼ばれる役割の人物がきて、通帳とキャッシュカードを受け取ったうえ、まんまと暗証番号まで聞き出してしまうのです。その後「出し子」役は、そのまま銀行のＡＴＭに行き被害者の預金を引き出します。被害者はしばらくしてから、ふと銀行に問い合わせて初めて自分がダマされていたことに気がつくのです。

ここまでで、振り込め詐欺の実行組織がどのような場面でダマされる心理法則を使っているか気がついたでしょうか？

まず最初に、銀行員を装って「預金口座が不正に使用されている。このままでは預金を失う」と言っているのは、ダマされる心理法則①の恐怖の法則です。預金がすべてなくなるという恐怖感を被害者に与えているのです。

次に、かけ子は「いますぐに手続きをすれば大丈夫」と、預金を無事に確保したいという欲を被害者に感じさせています。これは心理法則②の欲望の法則です。預金がなくなるかもしれないという事態に直面している人にとっては、預金を確保できるということも一つの欲になるのです。

さらにかけ子は、「今すぐに銀行員が自宅まで駆けつけて預金を守ってあげる」という申し出をしています。このような銀行からの申し出に対して、被害者としては「そこまでしてくれるのか、ありがたい」と感じます。そしてそのような銀行の申し出に対するお返しとして、全面的に協力しようと考えるのです。これは心理法則③のお返しの法則です。

そしてかけ子は「銀行は警察と協力して今回のトラブルに対処している」と説明します。警察は、犯罪捜査の専門家であるため、被害者としては「警察が関与しているなら安心だ」と考えてしまいます。これは心理法則⑦の専門家の法則を利用したものです。

その際かけ子は、「同じような被害にあっている人はたくさんいるが、みんな当行の指示どおりに対処して被害を受けていない」ということを説明します。被害者は、みんな同じようなトラブルに巻き込まれているが、言われたとおりに対処すれば大丈夫なのだと安心して、銀行の指示に従います。これは心理法則⑤みんなと同じの法則を利用したものです。

加えてかけ子は、被害者に対して説明をした後「当行の指示に従ってもらえますね」という確認をしています。被害者はこれに「はい」と回答することで、心理法則④の一貫性の法則における、スイッチを自ら押してしまうことになります。被害者は無意識のうちに、「自分は銀行の言うとおりに行動する」という思い込みをしてしまい、出し子が自宅にきたときにもかけ子に指示されたとおり、暗証番号を教えるという一貫した行動を自らしてしまうのです。

以上が、振り込め詐欺におけるダマされる心理法則の使用例です。世の中には人をダマすさまざまな手法がありますが、どれもこのようにダマされる心理法則のうちのいくつかを組み合わせ、巧みに人の心を操っていくのです。

人の心理法則というものは、時代によって大きく変わるものではありません。人をダマす手法は時代によって変わっていきますが、根底にある原則や心理法則は同じです。従って、ダマされる心理法則を理解しておくことは、次から次へと変わっていく人をダマす手口から自分の身を守る強力な武器となるのです。

盾その2

ダマそうとする敵の戦略を知る

「敵を知り、己を知れば、百戦危うからず」という言葉があります。ダマされないで生きていくためには、ダマそうとする相手がどのようなダマしのテクニックを使ってくるのか具体的に知っておくことが不可欠です。

ダマそうとする相手のテクニックを知っておけば、実際相手がそのようなテクニックを使ってきたときに、「これはダマしの手口だ!」とすぐに反応できるようになるでしょう。

1 「人の心を操る」方法が出回っている

先日ふらりとコンビニに立ち寄ったところ、雑誌・書籍コーナーでふと目に留まった本がありました。テーマが「思いどおりに人の心を操ることができる」というビジネス書でした。

私の見方ではコンビニに置いてある本というのはかなり世の中の関心が高いテーマの本です。お店の立場からすると、何かの買い物にきたお客さんの興味をひき、購入までしてもらわなければなりませんから、なるべく多くの人が興味を持つようなテーマの本でなくては陳列しません。限られたスペースでそうするためには、よほどそのテーマも厳選する必要があります。ということはつまり「人の心を操る」ということに、多くの人が興味を持っているということです。

「人の心を操る」というのは、悪い表現に変えると、「人をダマす」ということにつながっていきます。

売られている本から世の中の興味の方向性を知るという意味でも、私は毎日のように書店を訪れます。実は私は、読書法をテーマに本を執筆させてもらったこともあるくらい本が好きなのです。とくにビジネス書コーナーが好きで、よく売り場を訪れます。平積みされた本を眺めていると、今どのようなテーマが流行しているのかがわかります。

出版業界は長らく不況と言われており、各出版社は、どのようなテーマで本を出版すれば売れるのか日々頭を捻《ひね》っています。そのため、各出版社は流行に非常に敏感で、売れると思われるテーマの本がいろいろな出版社から同時期に出版されるのです。

ここ数年多く出版されているテーマの一つに、コンビニでも売られていた「思いどおりに人の心を操ることができる」という心理操作を扱ったものがあります。その中には10万部を超えるようなベストセラーも出ています。帯には「悪用厳禁！」だとか「これで人生は思いどおりうまくいく！」と言ったような、やや過激なキャッチコピーが載っています。

そのようなキャッチコピーが真実かどうかは別として、そういった「人の心を操る」といったテーマに関心が高いことは事実です。

多くの人が、「人の心を操る」こと、悪く言えば「人をダマす」ことに興味を持っているということなのです。これはある意味とてもこわいことです。

「人の心を操る」方法は、ビジネス上の交渉や部下への指導など、コミュニケーション能力を磨くためには非常に便利なツールとなるでしょう。しかし悪用すれば、犯罪にも利用できます。実際私がそういった本を手にとって内容を読んでみると、詐欺師が使用している手口、テクニックと重なるところが大きいと感じられます。

世の中にはそれだけ人の心を操りたいと考えている人が多いのですから、こういったことを怖いと思うのと同時に、そういった人から身を守る方法を身につけておかなければならないということも意味しています。

ビジネス書だけではなく、インターネットが発達した現代では、ネット上にも人をダマすたくさんの方法が紹介されています。これらの技術を本気で悪用しようとすれば、情報はいくらでも手に入るのです。

これほどの情報化社会では、ダマしのテクニックが出回ることは防ぎようがありません。できるのは、ダマしのテクニックを知って、それを防衛することだけです。まさに本書のテーマである、ダマされないための盾を身につける必要があるのです。

2 意図的に「沈黙」を作り出す人に注意せよ

昔から、訪問販売詐欺という手法があります。自宅などに突然営業マンが訪問してきた挙句、言葉巧みに高額な商品を売りつけるのです。

私が相談を受けたJ美さんは、30代の女性。専業主婦で子どもはいません。

あるとき自宅にセールスマンが訪れ、J美さんは50万円もする羽毛布団をその場でローンを組んで買ってしまいました。

帰宅後に夫がそのことに気がつき、すぐに弁護士事務所へ相談に行くように言われ、私が対応しました。

J美さんから話をひととおり聞きましたが、話をしている限りJ美さんは聡明な方で、なぜ訪問販売詐欺などに引っかかってダマされてしまったのかと、疑問に感じました。私の経験では訪問販売詐欺の被害にあうのは高齢者が多く、そういった被害者の方は特別情にもろかったり、若い頃より判断力が落ちていたり、一人で訪問販売員の相手をしていたらダマされてしまいそうだなあ、という特徴があるのです。なぜ、J美さんのところにきたセールスマンは、一見隙のなさそうなJ美さんをダマすことができたのでしょう。

J美さんはセールスマンと話をしていて、そのセールスマンをとても信頼できる人だと感じたそうです。「どのような話をしていたのですか」と尋ねると、J美さんは「ほとんど自分の（J美さんの）日常生活の愚痴や他愛もないことを話していた」と言います。

私としては最初とても不思議に思いました。セールスマンの営業トークがうまく、のべつ幕無しに商品の良さをアピールされ、それに押されて購入してしまったのではないかと思っていたからです。

「なぜ初対面のセールスマンにそのような話をしたのですか」と聞くと、J美さんは「そのセールスマンがあまり喋らなかったので…」と言います。

挨拶して用件を言った後、セールスマンは言葉を切って黙ったそうです。J美さんは、相手が喋らないので、ついつい自分から話をしてしまいました。するとセールスマンが上手に相槌を打ち、親身な様子でJ美さんが話すのを促すので、すっかり時間を忘れて話をしてしまいました。

これで私は納得がいきました。このセールスマンは、「沈黙」を意図的に利用してJ美さんから話を引き出し、自分を信頼させて高額な商品を買わせていたのです。

なぜ意図的な「沈黙」が人をダマす手法になるのでしょうか？

それは、人はみんな他人との間の沈黙を恐れるからです。

あなたも経験があると思いますが、多くの人は、初対面の人と会話をしていて会話が途切れたときとても気まずく感じます。

そうして話を引き出したセールスマン（詐欺師）は、さらに沈黙を守り（ときには相槌などを打ち）さらに話をさせ、しっかりとそれを聞いているように装います。

人は他人に話を聞いてもらいたいという欲があります。話を聞いてもらうと、自分の価値を認められたように思い、自己承認欲求が満たされるのです。

そして自己承認欲求が認められると人はその相手に好意を抱くことになります。前章でも述べたとおり、相手に好意を抱いてしまうと人はダマされやすくなります。

さらに言えば、話を聞いてもらったことで「お返しの法則」が発動してしまいます。セールスマンに話を聞いてもらったお返しとして、その商品を買ってあげなければいけないと思うのです。

J美さんも、まさにこのような流れで高額な布団を買ってしまいました。

相手が沈黙を守っているとき、相手の背後には、意図的に話をせず、あなたをダマそうとする魂胆があるかもしれません…。

3 あなたはダマされやすい人リストに名を連ねている

詐欺師にダマされてしまう人たちには、共通していることがあります。

「一度ダマされた人は、その後も何度もダマされる」ということです。ダマされてしまう人は、一度の失敗で済まずに2回、3回とダマされているのです。しかも同じような手口でもダマされてしまいます。なぜこういったことが起こるのでしょうか？

私が相談を受けたK田さんもその一人でした。K田さんは、少し気が弱そうな50代の男性です。これまで3回にわたり、いわゆるリフォーム詐欺の被害にあっています。

リフォーム詐欺にあう最初のきっかけは、無料シロアリ診断のセールス電話でした。自宅がシロアリに食われていないか調べてくれるというものです。「無料でやってもらえるなら…」と気軽に頼んだところ、「内部がかなりシロアリに食われていて、すぐに駆除とリフォーム工事をしないと家が倒れかねない！」と言われました。驚いたK田さんは、相場的には数十万円で済むシロアリ駆除と修理工事について150万円もの法外な費用を支払ってしまったのです。

K田さんが、知人からの指摘によってその代金が不当に高いことを知ったのは既に工事が終了した後でした。業者に返金を申し込もうとしたものの、もらっていた名刺の電話番号はすでに使われておらず、記載されていた住所地はなんと架空のものでした。完全な詐欺業者です。Hさんは泣き寝入りせざるを得ませんでした。

それから数ヵ月して、K田さんの自宅に屋根の出張修理業者が訪れました。修理業者は、現在キャンペーン中なので、屋根修理を格安料金でできると言います。K田さんは屋根が傷んでいるのではないかと前々から気になっていたこともあり、これはいい機会だと、修理見積もりを依頼しました。

屋根に上がって何か調べてきた業者は「屋根の破損があまりに酷いため、キャンペーン料金ではできない」と言います。そして、数百万円もの見積もりを出してきたのです。

K田さんは「壊れているのだからしょうがない」と考え、言われるままの費用を振り込みました。そうしたところ、それ以降業者と連絡がとれなくなり、工事は一切行われませんでした。K田さんは、再び自分がダマされてしまったことに気がつきました。

このように、一度ダマされてしまった人のところに同じような詐欺師が訪れるというのはよくあることです。リフォーム詐欺に限らず架空請求詐欺やヤミ金融の勧誘など、いろいろなジャンルで起きています。

こういった詐欺師たちは、K田さんのようにダマされやすい人の個人情報を売買しているることがあるのです。一度ダマされた人は、「ダマされやすい人」として、氏名や住所、電話番号がリスト化され、詐欺師や悪徳業者たちの間に出回っているのです。

振り込め詐欺の詐欺師たちが、まず電話をかけるのも「ダマされやすい人」リストに載っている人たちです。リストアップされた名簿を闇業者などから買うこともあるそうです。

ですから、一度でもそういった詐欺業者に引っかかって、自分の名前や住所などの個人情報を提供してしまった人は気をつけてください。あなたの名前がダマされやすい人リストに入っているかもしれません。また違う詐欺師に狙われる可能性があるのです。

4 警察官も引っかかる妊娠詐欺の怖さ

一時期、とても多かった相談があります。それは「妊娠詐欺」と呼ばれる詐欺です。一般的に妊娠詐欺というのは、その名のとおり女性が男性に対して妊娠したことを理由にお金をダマし取るという手法です。

昔からある詐欺の手口ですが、最近は出会いのきっかけが出会い系サイトや、ラインやミクシィなどのSNS経由だったりすることが特徴でしょうか。

当事務所に相談にきたL島さんは、40代の男性、結婚して子どももいます。L島さんは、ミクシィで知り合いになった20代前半の女性と肉体関係をもったあと、しばらく不倫交際を続けていました。するとある日突然、女性から妊娠したというメールがL島さんの携帯電話に届きます。そして、中絶費用や慰謝料として200万円を支払って欲しいと書いてありました。

L島さんは、そのメールが表示された携帯電話を震えた手で持ち、私に見せながら相談をしていました。人工妊娠中絶手術は可能な妊娠週数が決まっています。その期限が明日なので、明日までに中絶費用を払わなければならないそうです。メールには妊娠していることを示す妊娠検査器具の写真が添付されています。

また、丁寧に産婦人科の領収書だという写真も添えられて、メール本文には「産婦人科でも妊娠を確認した」旨の記載があります。

しかし、私がよくよく見ると、その領収書の写真は病院名の部分が切れており、本当に産婦人科に行ったかどうかわかりません。このようなやり口を見て、私はすぐにこれが妊娠詐欺であると理解しました。L島さんに、本当に相手の女性が妊娠したのか、一緒に病院に行くなどして確かめたのか聞きましたが、案の定メールを受け取っただけで、不倫相手の妊娠にすっかり腰が引けてしまったL島さんは、会おうという気持ちも失せていました。ましてや産婦人科に同行するなど思いもつきません。

そんな不確かな状況の中で、L島さんが相手からのメールだけで「お金を払わなければいけない」と慌ててしまったのは、相手の女性が妊娠したことをL島さんの職場にバラすと言ったからです。

というのもL島さんの仕事はなんと警察官。法律を守らせることが仕事の警察官が、不貞行為を働いたことが職場に知られたらただでは済みません。厳しい処罰が指針によって決められているのです。場合によっては退職することになるかもしれません。

このような妊娠詐欺は、男性しか被害者になりえませんが、盾その1で紹介したような人をダマす心理法則を複数利用した詐欺であり、高い確率でダマされてしまう詐欺です。

それは、警察官として日々犯罪の手口をよく見聞きしているL島さんですらダマされてしまっていることからわかります。

職場にバラすぞ、と「恐怖の心理法則」を利用しています。また、そもそも家庭の他で性的な関係を持ちたいという男性の欲を利用しており「欲望の法則」が使われています。さらに産婦人科の診断と言い添えてくる点は「専門家の法則」を適用していると言えますし、中絶できる期限が明日までというのは、「残り一つの法則」の応用です。

L島さんは、たまたま勇気を出して当事務所に相談に来たため対処ができました。同じような妊娠詐欺の相談はとても多くあります。被害を受けても内密に穏便《おんびん》に収めたいという心から弁護士にも相談せずに済ませようとする人は、多くいると思います。

強力な手法であるだけにダマされないように警戒が必要です。

5 相手をダマす最強のツールは「〇〇の手紙」!?

弁護士が刑事事件を担当したとき、重要な弁護活動の一つとなるのは、被害者との示談を成立させることです。刑事事件では、加害者が一方的に悪く被害者には落ち度がないという場合が多くあります。そんなときに、被害者の方に謝罪を受け入れてもらい示談に応じてもらうのは簡単なことではありません。

M木さんの場合もそうでした。M木さんは、40代の専業主婦で、雨の日に自動車で子どもを塾へ送っていった帰り道、横断歩道を歩いていた男性をはねてしまい、腰椎骨折という重大なけがを負わせてしまったのです。

弁護士として私が間に入ってから、その被害者男性やその家族に謝罪の機会を与えていただくように伝えましたが、本人およびご家族の憤りの感情が強く、まったく謝罪に応じてもらうことができませんでした。

そこで、なんとか謝罪の心を伝えたいと私が考えたのは、M木さん本人に謝罪の手紙を直筆で書いてもらい、それを被害者の方に送るということでした。

被害者のご家族から、手紙を送っても良いという許可をなんとかもらい、それから定期的にM木さんから手紙が届けられました。M木さんには、手紙を書くときは必ず直筆で書くようにし、丁寧に心を込めれば謝罪の心がきっと伝わるだろうと励ましました。

最初は、手紙を送ってもなにも反応がありませんでしたが、何通も定期的に手紙を送り続けていくうちに、被害者ご本人とご家族のお気持ちに変化があり、手紙に対する返事をしてくれるようになり、とうとう直接面談する機会をいただけるようになったのです。

そして最終的には、M木さんの謝罪を受け入れていただき、示談を成立させることができました。

この例で被害者の方が心を開いてくれたのは「手書きの手紙」だったからです。これがパソコンで打ったような手紙であれば、同じ内容であっても伝わるものは違ったでしょう。

手書きの手紙というものは、相手の心を動かすとても強い力があります。手書きの手紙は、書いた人が机に向かって自分のためにわざわざ時間を使い、頭をひねりながら、手間をかけて書いてくれたと想像させるものだからです。

最近、ダイレクトメールや、飲食店のメニュー表などがあえて手書きしてあることが多いと思いませんか？　それは、人が手書きの文字に親近感や親しみを覚え、その商品やサービスの購入につながりやすいからなのです。

人をダマそうとする人は、この「手書きの手紙の力」を悪用することがあります。手書きの手紙が受け取り手に与える大きな影響を知っていて、それを利用しようとするのです。

私が相談を受けた事例では、家族や友人や知人に対して、自分の生活が苦しいので援助を求める旨の手書きの手紙を何度も送りつけ、相手の同情心を煽ってお金を借りた挙句、一銭もお金を返さなかったという人がいました。まさに手書きの手紙を利用して、人をダマしたといえるでしょう。

手書きの手紙を受け取ったら、その内容によっては、少し「何か意図があるのではないか？」と考えるようにすると良いでしょう。

6 脅迫は「職場」と「自宅」と「家族」を知られることから始まる

人がダマされてしまう心理法則の一つに「恐怖」があることは、すでに紹介したとおりです。人をダマそうとする人が「恐怖」によって他人を動かそうとするときに利用するのは相手の「職場」と「自宅」と「家族」であることが多いのです。

なぜなら、多くの人にとってこれらの情報は「攻撃されると弱い部分」だからです。「職場」は生活の糧を得るために人にとって不可欠な場所です。そこが失われると生活ができなくなる可能性があります。また、「自宅」についても、失うと生活の基礎を損なう可能性があります。「家族」もそうです。多くの人にとって、配偶者や親や子どもは自分の命と引き替えにしてでも守りたいと思う存在です。

そういった人の弱い部分を利用して人をダマす人間は極めて卑劣な存在ですが、現実にそういった人間がいる以上、自分の身は自分で守るしかありません。

N野さんは、そうした情報を安易に詐欺師に知らせてしまい肝を冷やした一人です。

N野さんは、50代の男性で、大手企業の部長です。奥様と大学生の二人の子どもと郊外の一軒家に住んでいます。N野さんの趣味は競馬。けっしてギャンブルで身を崩すようなタイプではなく、余裕資金の範囲で遊んでいる程度でした。

あるとき、スポーツ新聞を見ていたところ、いわゆる文字だけの3行広告に「競馬の勝ち馬情報を無料で教えます」という記載があるのを見つけました。たまたまその月は負けていたため「無料なら」という軽い気持ちで電話しました。すると、メールで情報を配信するからと、メールアドレスを教えるように求められます。N野さんはまたも、「メールくらいならいいか」と考えてしまい、業者にメールアドレスを教えます。

さっそくメールに予想情報が送られてきました。何度かその予想どおりに馬券を買いますが当たったり、当たらなかったり…。しかし、N野さんは無料ということもあって気にしませんでした。そんなとき業者から1通のメールが届きます。それは「あなたは、競馬関係者のみが知り得る〝裏の情報提供〟を受けられる特別会員になる権利を得ました。入会金は20万円。無料のお試し登録をして、気に入らなければ入らなくて良いです」というものでした。

N野さんはその情報があれば競馬に勝てそうに思われ、お試し会員になるために情報を登録してしまいました。登録時に、勤務先、自宅住所、家族構成などの重要な個人情報を求められましたが、またもや深く考えずに入力してしまいました。

そうしてお試し会員として情報を受けられるようになったN野さんですが、提供された裏情報はまったくのデタラメで一向に勝てません。そのため、入会する気がなくなりました。入会を迫られたN野さんが断ると、業者は態度を変え、「これまで特別な情報を教えているのだからその分の情報料を払え」などと言い出します。N野さんは当然拒否しました。すると業者は、「N野さんの職場や家族に経緯をすべて伝えてお金を請求する」と言ってきたのです。

前述のとおりN野さんは、職場や家族の情報をすべてこの会社に提供しており、業者がやろうと思えば、本当に職場や家族に連絡ができるということに今になって気がついて後悔し、恐怖を覚えました。

当事務所への相談で結局事なきを得ましたが、本件から「職場」「自宅」「家族」といった情報を握られることの怖さがおわかりいただけたと思います。

自分の情報を伝えるときには十分すぎるほどの警戒が必要だということです。

7 共通点がある人には気をつけて！

人が他人に対して簡単に信頼できると感じてしまうポイントがあります。それがなにかわかるでしょうか？

正解は、自分と共通する点です。人は、自分と同じ部分がある人に無意識に好意を感じ、信頼してしまうものなのです。たとえば、あなたが知らない人ばかりのパーティーに行ったとき、自分と同じ都道府県の出身者とそうでない人がいたら、どちらに話しかけるでしょうか？　また、同じ高校や大学を卒業した人とそうでない人がいたらどうでしょうか？

多くの人は、自分と同じ出身地や出身校の人に親近感を抱きます。

人をダマそうとする人は、これを利用して意図的に相手の情報を収集し、作り話で共通点を作り出し、好意や信頼を得ようとします。好意や信頼を得てしまえば人をダマすことは簡単だからです。

これは相談者の例ではなく、私自身がダマされた例なのであまり紹介したくないのですが、こんなことがありました。

まだ私が弁護士として経験が浅いとき、事務所へ飛び込みでやってきた依頼者がいました。金銭トラブルを抱えていて、ある人にお金を貸したのだが返してくれない、弁護士さんから請求をしてくれないか、というものでした。

問題は、その依頼者が「現在失業中でお金がない。ついては報酬を後払いにして欲しい」と言ってきたことでした。弁護士は通常報酬を着手金という形で一部前払いでもらいます。全額を後払いというのはあまりしません。

親しい友人や長い付き合いがある人であれば別ですが、初めてきた依頼者に後払い扱いはできないと思い、断ろうとしました。

そうしたところ、依頼者は突然雑談を始め「自分は学生時代、先生と同じアメリカンフットボールをやっていたんです」と言い出しました。私は、高校、大学とアメフトをやっていて、そのことを事務所ホームページの自己紹介欄に書いていました。今思えば、その依頼者はホームページでその情報を仕入れて自分もアメフトをしていた事実をでっち上げたとわかりますが、言われたときは自分と同じスポーツをしていたと聞いてとても嬉しくなりました。

とくにアメフトというのは、日本ではまだまだマイナーなスポーツですから過去に競技経験がある人は多くありません。そのため依頼者に親しみを感じ、この人なら後払いでもいいかもしれない、と思ってしまったのです。

そして結局依頼を受けて事件を処理しました。ところが報酬金を払ってもらうときになると、突然その依頼者が音信不通になってしまい、報酬金が一銭も支払われませんでした。なんとかその依頼者の知人と連絡をとることができましたが、その知人によると、その依頼者は嘘つきで有名な人物で、周りの人間は皆、彼のことを避けているという話でした。その時点でダマされたことに気がつきましたが、念のため、彼が過去にアメフトをしていたかどうかを聞くと、「そんな話は聞いたことがない」ということでした。見事ダマされてしまったのです。

その一件で、共通点を語る人物には気をつけなければならないということを身をもって学びました。

共通点となりうる項目はいくらでも見つかります。出身地、方言、好きな場所、好きな食べ物、行ったことのある旅行先などなど。共通点をきっかけに近づいてくる相手には、なんらかの意図があるのではないかと少し考えるようにしてください。

8 褒められる＝ダマされる、おだて商法の罠

前章にも書いたとおり、私達は好意を抱いた相手にはダマされてしまう傾向があります。

人が誰かに好意を感じるときはどのようなことがあったときでしょうか？

いろいろな場合が考えられますが、人をダマそうとする人が使うのは「人を褒める」という方法です。人は、他人から自分のことを価値がある存在だと認めて欲しい（承認欲求）という、本能的な欲求を持っています。

承認欲求が満たされると、大きな満足感を感じ、その満足感を満たしてくれた人に好意を感じるようになります。

とくに専業主婦など、人との接触が少ない人は、他人から褒められる機会があまりありません。しかし人間は誰しも人から認められたいのです。そのような状態の人は褒められることで、ダマされやすくなってしまうことがあります。

私の事務所に相談にきたO山さんもそうでした。O山さんは現在65歳、年上だった夫には数年前に先立たれ、三人の息子たちも離れて暮らしており、O山さんは一人で一軒家に住んでいました。

O山さんの趣味は珍しく「発明」でした。普段の生活の中で不便を感じていることを洗い出し、それを解消するような発明品を考えるのが好きだったのです。

そんな日々を過ごしているとき、たまたま自宅の近所で、「無料特許相談会」なる催しが行われていることを知りました。発明内容について相談すると、アイデアの内容によっては製品化の可能性もあることがうたわれており、O山さんは日頃の発明アイデアが評価されるかもしれないと思って参加しました。

参加すると、主催者側の男性は、O山さんの発明アイデアであった「花瓶としても使える傘立て」を絶賛してきました。「これは画期的な発明だ！」「絶対にこれを商品化したいという企業がある！」「莫大なアイデア料を企業から受け取ることができますよ」と、O山さんの相談を担当した男性は手放しでO山さんのアイデアを褒め称えました。

O山さんはすっかり舞い上がってしまいました。今まで自分一人でコツコツと考えていたアイデアが、いきなり第三者から最高の褒め言葉をもらったのです。O山さんが喜ばなかったはずがありません。

そのため○山さんは「すごいアイデアでも企業に提案するためには〝試作品〟が必要だ」という男性の言葉にも、なにも疑問を持ちませんでした。

男性は、「1点しかない試作品だから作成費用はどうしても高くなる。アイデアを盗まれたら困るから一般の製造業者に依頼するわけにはいかない。当社の提携業者に作成を頼むべきだ。特別な依頼なので試作品作成に200万円かかる。」などと言い出します。○山さんは高額な試作品作成費用に驚きますが、男性は躊躇する○山さんにさらに「こんなに素晴らしい商品なら、試作品の作成費用なんて、すぐに取り返すことができます」などと褒め言葉を重ねながら説得してきます。

○山さんは結局この男性の言うとおり費用を支払ってしまいます。しかし結果はおわかりのとおり、いつまでたっても試作品は完成せず、男性とも連絡がとれなくなり、○山さんはお金を丸々失う結果になりました。

このように、人は褒められるとダマされやすくなります。そしてそこにつけ込んで人をダマそうという人がいるのです。

ダマされやすい人は「褒める人＝ダマそうとする人」という意識を持つくらいで良いと思います。

9 詐欺師は小道具を使う

詐欺師のダマしテクニックに「小道具を使う」というものがあります。人に何かを信頼させるためには、口先だけではなくて、それを裏付けるモノがあった方が良いのです。

たとえば、あなたが生命保険に加入しようと商品を選んでいるとき、資料も何も持たずに保険商品の説明をしてきたA社と、豪華な会社説明資料に添えて商品説明のフルカラーの立派なパンフレットを渡してきたB社では、どちらに魅力を感じるでしょうか？ 仮に保険商品の内容が同じであっても、多くの人がB社の商品に、より魅力を感じることでしょう。

これは、「人は物質として目に見えるモノに価値をおき、逆に目に見えないモノには価値をおかない」という傾向があるからです。

私は、これを日常的に経験しています。私は弁護士として仕事をしているため、よく周囲の人から法律相談をされることがあります。そのとき、多くの人は私のアドバイスについて、お金を払わなければいけないとは考えていません。もちろん、事件としてあらたまって依頼をするときにはお金を払わなければいけないと思っていただいている人がほとんどですが、「ちょっとアドバイスをもらうくらいならば、無料でいいはずだ」と思っているのです。

しかし、弁護士の私からすると、私の頭の中に入っている法律の知識や経験は商品に他なりません。それを身につけるために一生懸命勉強し、事件を通じてたくさんの経験を積み上げてきたのです。実際、事務所で法律相談を行う場合、30分の相談で5000円の費用をいただいています。ですから私としては、アドバイスをすること自体でお金をいただくのは当然であると考えていますが、多く人はそのように考えていないのです（私としてはこれを非難しているわけではありません）。これが八百屋さんだったらどうでしょうか？　友人に八百屋さんがいるとして、「友達だからちょっとトマトとキュウリを無料でちょうだいよ」という人はいないと思います。

この違いは、商品が目に見えるかどうかという点です。このように、人は目に見えるモノには価値をおくが、目に見えないモノには価値をおかないのです。

このような人間の心理を利用するのが詐欺師の手口です。わかりやすい例としてあるのが、架空の社債・株式詐欺です。これは、実際にはありもしない架空の会社について、ものすごく業績が良く、将来的にも大きくなる会社であるかのように見せかけ、その会社の社債（会社に対してお金を貸し付けること）や株式を買わせるという詐欺です。

こういった詐欺では、詐欺師はその会社の業績が良いことや将来有望であることを信じさせるために口頭での説明だけでなく、小道具を使うのです。具体的には、いかにもその会社が立派で信用がおけるかのような分厚い綺麗な紙を使って作られた会社紹介パンフレットや、その会社の業務が○○省からの認定を受けているという認定証、いかにも価値がありそうな社債の見本や株券、こういったモノを相手方の目の前に見せながら、話をするのです。

そうすると最初は怪しいと思っていた人でも、モノとして目の前に社債や株券を見せられると、実際に価値があるのだとだんだん感じるようになってしまうのです。聞くところによると、実際そういった社債・株式詐欺に利用するための偽造社債や株券などを専門でデザインし印刷する業者もいるそうです（もちろんこれらの行為は私文書偽造などに該当しうる犯罪行為です）。詐欺師は、人が物質的なモノに価値を感じてしまうという心理を知った上でそれを利用しているのです。

相手がいかにもそれらしい文書やモノを出してきたときには、立派なパンフレットがあるから信頼できる、とは思わずに話の真偽を見極めなくてはなりません。

盾その3

ダマされないための心構え

盾その3では、ダマされない人になるために必要な心構えをお伝えしたいと思います。盾その2でも紹介したとおり、人をダマそうとしてくる人はたくさんおり、その人達を減らすことはできません。ダマす人をコントロールすることはできないのです。コントロールできるのは自分だけです。そのために必要なのは、なによりも「ダマされないための心構え」にほかなりません。

1　おいしい話を他人に教えることはない

まず、ダマされない人になるために知っておいて欲しい心構えは、人は「おいしい話を他人に教えることはない」ということです。

競馬情報詐欺、パチンコ必勝法詐欺、FX攻略法詐欺など、「この情報を知れば確実に儲かりますよ」という詐欺についてはすべてこの心構えを知っていればダマされることはなくなります。

このことは冷静に考えれば誰でもわかります。自分の身に置き換えて考えてください。あなたが宝くじで絶対に毎回1等をとる方法を知っていたとします。そのときあなたはその方法を他人に教えますか？　絶対に教えないで、そのまま自分でこっそりと宝くじを買い続けるでしょう。

「絶対に儲かる」と言う人がいたら、その人自身にメリットがなければそんなことは言わないのです。

たとえば、パチンコ必勝法詐欺の場合、本当にパチンコで勝てる方法を知っていれば、誰にも教えずその方法でパチンコを打ち続ければいいだけです。

もしも、本当に有効な方法なら、多くの人に教えることでお店が儲からなくなってしまうのですから、その必勝法が使えないようにパチンコ台の設定を変更してしまうかもしれません。そうしたら自分も必勝法が使えなくなってしまうのです。それにも関わらず他人に必勝法を教えようとするのはなぜか考えると、その必勝法がまったくのデタラメで効果がないので、その必勝法を教えると言って情報を売ってその情報料をもらう方が儲かるから、ということがわかります。

おいしい話を他人に教えることはない、ということは多くの人はわかっていると思います。それにも関わらず、おいしい話にダマされてしまう人がいるのはなぜなのでしょうか?

それは「今回だけは例外だ」と感じてしまうからです。逆に言えば、ダマす側の人間は、「おいしい話を他人に教えることは普通ないけど今回だけは特別だ」と思わせるテクニックを使って人をダマしているのです。

たとえば競馬情報詐欺の場合、よく使われるテクニックとして、「極秘情報なので人数限定で紹介しています。あなたは、今回特別に抽選に当選し紹介できることになりました。今回のチャンスを逃すと次はいつ紹介できるかわかりません」などというセールストークをするのです。

「おいしい話を他人に教えることはない」、ということを知っている人も、そのようなセールストークを聞くと、「今回だけは特別な話なのだ!!」と気分が高揚し、「おいしい話を他人に教えることはない」という大原則を忘れてしまうのです。

読者のみなさんはもうおわかりですね。このような「あなたは選ばれた」「例外的に参加できる」などのセールストークは、ダマされる心理法則⑧の「残り一つの法則」に他なりません。

「あなただけ特別に…」「今回だけは例外で…」など、残り一つの法則に当てはまる言葉が出てきたときには、「おいしい話を他人に教えることはない」という〝心構え〟を今一度思い返さなければならないサインだと思ってください。

2 タダ飯はどこにもない

金融などの世界でよく使われる言葉に「There is no such thing as a free lunch.」というものがあります。直訳すると、「タダの昼ごはんのようなものは存在しない」という意味です。わかりやすく言えば、世の中にタダ飯なんてものは存在しないということでしょうか。

この言葉は、ベストセラー作家である勝間和代さんの代表作『お金は銀行に預けるな』で紹介されていましたが、私はこの言葉を読んで深く感心したとともに、ダマされないための心構えを表す標語としてとても優れていると感じました。

タダ飯はどこにもない、ということは、大人として生きている人にとって当たり前のことで、あえて意識しなくてもわかることです。世の中には、お金や手間暇やリスクを負うことなしに、メリットや利益だけを手に入れることはできないのです。

文字どおり、無料で昼ごはんを食べられる場所は世の中にはありませんし、宝くじでさえ、当たるためには宝くじをお金を出して買わなければならないのです。

当たり前と言えば当たり前のことですが、ダマされてしまうときにはこのような心構えを忘れていることが多いものです。

私が相談を受けた事例でタダ飯はどこにもない、ということを示す典型例は、廃棄物回収詐欺です。

これは無料で廃棄物をすべて引き取ります、などと書いてあるチラシを見て、不要品の回収をお願いしたところ、実際には難癖を付けて回収費用を請求されるという詐欺です。

この廃棄物回収詐欺の悪質なところは、無料で廃棄物を業者のトラックに運び入れ、その後に回収費用を請求するという点です。依頼者からすると、無料で重い廃棄物をトラックまで運んでくれたという手前、料金を請求されても「やっぱりいいです」と断ることが難しくなってしまうのです。こういった業者が請求する回収費用は大抵一般的な業者の回収費用相場より高くなっています。無料だからと依頼をしたのに、これではまったく意味がありません。

この例は、まさに世の中にタダ飯はどこにもないことを示しているのです。

一見すると、お金がかからない、リスクがない、手間暇がかからない、というようように見えても、実際にはどこかにお金がかかったり、リスクがあったり、手間暇がかかったりするのです。

「タダ飯を他人に提供しない」こと自体は別に非難されることではありません。あなたも見ず知らずの通行人に「食事をご馳走しますよ」と呼びかけることはしないと思います。

問題は、「自分はタダ飯を提供することはないけど、他人はタダ飯を自分に提供することがありうる」と考えてしまうことです。

そうすると、見せかけのタダ飯を提供して相手をダマしてやろうという人間に簡単にダマされてしまいます。また、「なぜ相手は自分にタダ飯を提供してくれないのか」などという不健全な思いを持つようになってしまいます。

世の中にタダ飯のように見えることはたくさんあるが、「タダ飯はない」ということを肝に銘じておいてください。

3 思考停止＝ダマされる

次に、ダマされないために覚えておいてもらいたい心構えは「思考停止＝ダマされる」ということです。

思考停止というのはどういうことかというと、自分の頭で考えたり、疑問を解消しようとするのをやめてしまった状態です。私自身もそうですが、人は、考えるのがとても苦手な生き物です。

あなたも、学校のテストで問題に取り組んで一生懸命考えた後、頭が疲れてしまってぐったりとした経験があると思います。「考える」力こそが、人間とその他の動物との違いであるにも関わらず、人間は「考える」ことがとても苦手で、考えるとすぐに疲れてしまいます。

そして、人は自分で考えることをやめると、他人の指示や言ったことに無条件に従ってしまう傾向があります。これは人類の長い歴史から築き上げられてきた人間の生来の性質だと思います。

私の推論ですが、過去の人類は、毎日の食料を確保するため、集団で協力しながら森や野原で狩猟に明け暮れていました。ときには、ライオンや熊などの危険生物に出遭うこともあったでしょう。猛獣に出遭ってパニックになり何も考えられなくなったとき、つまり思考停止になったとき、一番良い方法は集団のリーダーの指示や行動に従うことです。リーダーが「逃げろ!!」と言ったら、自分で考えるより指示どおりすぐに逃げた方が圧倒的に生存率は高まるでしょう。このようにして人類には、「思考停止＝他人の指示や行動に従う」という行動パターンが血肉になっていったのです。

このパターンは、生存に関わるものですから、相当根強く浸透しています。

これに加えて前述のとおり「考える」ことはとても面倒くさく、逆に人の指示や行動に従うことは大変楽ですから、ますます「思考停止＝ダマされる」のパターンにはまってしまいがちなのです。

ネットワークビジネスで商品を大量に購入してしまい、破産してしまったP田さん(20代女性)も思考停止に陥った結果、ダマされてしまった人の一人です。

P田さんは、知り合いに勧められて自己啓発のセミナーに参加しました。実はそのセミナーは、表立っては自己啓発セミナーなのですが、実際には健康グッズのネットワークビジネスへの参加を促すために行われていたものでした。

セミナー終了後、食事会が開催されましたが、その席でP田さんは、主催者側の人間からしつこく、商品である大量の健康グッズを購入するように勧誘されます。最初は、「お金がない」とか「うまく人に売る自信がない」と断っていましたが、夕方から行われた食事会は深夜にまでおよび、そのうち、勧誘する側の人間が一人二人と増えて、ついには約10人から、取り囲まれるように商品の購入を説得されるようになったそうです。

P田さんは、疲労と恐怖が限界を超え、ある瞬間に考えることをやめ「とにかくこの場から逃げたい」という一心で相手の言うとおり契約書にサインをしてしまったのです。まさに思考停止状態です。

P田さんの例は、相手が相当悪質だったと言えますが、最後までP田さんが考えることをやめず「どうすればこの状況を抜け出せるか」「サインしてしまったら後々どのようなことになるか」を考えることができれば安易にサインして破産に至ることはなかったでしょう。

たとえ苦しい状況や、考えるのが困難な状況に陥ったとしても、考えることを放棄してはいけません。最後まで考えて、最善と思われる行動を選択するようにしてください。

4 平気で人をダマす人がいる

ダマされないための心構えとして知っておいてほしいことの一つに「世の中には平気で人をダマす人がいる」という事実です。

私の法律事務所には数多くのダマされてしまった人たちが相談に訪れますが、そういった人たちの中には、世の中には平気で人をダマす人がいるという事実を知らないばかりに、不幸な思いをしている人がいます。

Q子さんもそんな相談者の一人でした。Q子さんは、30代の専業主婦。相談内容は知人間のお金の貸し借りについてでした。

相手は小学生の息子の同級生のお母さん。小学校の行事の役員を一緒にしていたことがきっかけで、仲良く付き合うようになりました。お互い専業主婦であったため、平日昼間から家を行き来してお茶を飲むような仲になったそうです。

あるとき、そのお母さんからお金を貸してくれるように頼まれます。なんでも夫が会社をリストラされ、住宅ローンの支払いで生活費が不足しているということでした。夫の就職先は既に決まっているため、最初の給料日までの不足分を補うために、一時的に10万円程貸してくれないかというのです。

「それくらいなら」と貸したものの、約束の給料日を過ぎても、なにも連絡がありません。Q子さんが払ってくれるよう求めると、なんとそのお母さんは謝るどころか「あのお金は援助金としてもらったものだから返す義務はない」と言って、素知らぬ顔で返済を拒んだのです。

Q子さんは、お金を返してもらえなかったこと以上に、相手のお母さんの態度が豹変してしまったことにショックを受けていました。後からこのお母さんがお金を借りるために言っていたことはすべてウソであることが判明しました。夫が退職したのもウソ、自宅も親からもらったものであり住宅ローンなど一切なかったというのです。

Q子さんは子ども同士が同級生で自宅も近く、これからも継続して付き合いをすることになるにも関わらず、相手のお母さんが平気な顔をしてウソをつき、自分からお金をだまし取ったことが信じられませんでした。

このように相談者が自分をダマす相手の態度にショックを受けることはよくあります。ときには精神的な病気になってしまう人もいます。

そこで知っていて欲しい事実は、信じられないかもしれませんが、世の中には平気で人をダマす人がいるということです。

米国の心理セラピストが書いた『良心をもたない人たち』（マーサ・スタウト著草思社）という本があります。この本で著者は、アメリカでは25人に1人は、まったく良心を持たない人が存在していると述べています。本の中でそのような人たちのことをサイコパスと呼んでいますが、それらの人たちはまったく良心というものが存在しておらず、小動物を喜んで殺したり、平気でウソをついて仲が良い知人などを裏切りダマしたりするそうです。

しかもそういったサイコパスの人は、外見上普通の生活を営んでおり、異常な性格であることはある程度の期間をともにしないとわからないというのです。

サイコパスに関する詳しい説明は、同書に譲りますが、そういったサイコパスの人が存在するということを知っておいてください。そうすれば、いざそのような人と関わりを持つようになっても、精神的ショックを受けることはなくなりますし、ダマされる可能性も低くなるでしょう。

5 話が通じない人がいる

「どんな奴でも一緒に酒を酌《く》み交わせば話は通じる」、こう信じている人は多くいます。特に中高年の男性に多いような傾向があります。

しかし私の経験からするとこのような認識は危険です。誰にも当てはまるわけではないのです。

R本さんは、中小企業の社長。50代後半の男性です。高度成長期に自分で会社を立ち上げ、従業員と切磋琢磨して事業を大きくしてきました。従業員の信頼は厚く、従業員一人ひとりにしっかり向き合いながら日々仕事をしています。これまで何人もの従業員が会社に入り、また辞めていきましたが、トラブルになったことはなく、従業員との関係でもめたことはありませんでした。「どんな人間でも腹を割って話せば絶対にわかり合える」と信じていました。

そんなR本社長が、従業員S上さんから訴えられてしまいました。S上さんは一年ほど前に入社した20代の男性で、退職後、R本さんと会社に対して、パワハラされたことを理由に損害賠償請求を起こしたのです。

S上さんは、在職中直属の上司とうまく行っていませんでした。心配したR本社長が関係者から詳細に話を聞くと、上司に問題行動は見られず、どうやらS上さんの仕事に対する責任感の欠如や、認識の甘さが問題の原因のようでした。そこでR本社長は、S上さんと仕事に対する認識について話をするとともに、上司との仲を取り持つため一緒に食事に出かけ、お酒を飲みながら懇親を図りました。その席ではR本社長の創業時代の話をS上さんが興味深そうに聞いており、R本社長は若いS上さんとも、こうしてお酒を酌み交わすことで心を通わせることができたと安心しました。

しかし、それから1週間後にS上さんは、一方的に辞表を提出して退職し、あろうことか社長と会社をパワハラで訴えるという行動に出たのです。また実際にはしていないにも関わらず、長時間の残業をしたと虚偽の主張をし、高額の残業代を請求してきました。

最終的には、R本社長がパワハラをしたという事実や、S上さんが残業をしていた事実は裁判所では認められず、R本さんや会社が賠償金を支払うことはありませんでした。しかし、R本社長は大変なショックを受け、今後新しく人を採用したくない、従業員からこんなふうに裏切られるのなら会社を続けたくないと思うようにまでなってしまいました。後から判明したことですが、S上さんは過去に勤めていた会社でも同じような裁判をして賠償金を手にしており、今回も賠償金目当ての行動である可能性がありました。

社長R本さんが、大変な精神的ショックを受けてしまったのは「世の中のすべての人は話し合えばわかり合える」と考えていたからでしょう。残念なことに世の中には、話してもわかり合えないことがたくさんあるのです。

特に現代では、インターネットの発達などにより情報伝達が容易になり、人は自分の価値観の世界で生きています。たとえば、昔は好きな歌謡曲は多くの人に共通していました。テレビやラジオといった情報源しかなく、それらの情報媒体では同じような歌謡曲しかかかっていなかったからです。ですから人々の価値観や考え方が共通していたのです。考え方が共通していれば、話し合いをすればわかり合えることが多かったでしょう。しかし現代ではそうではないのです。

そのため、「話せばわかる」という認識でいたのでは、人に裏切られ、ダマされる結果となります。「話せばわかる」という認識で安易に相手を信用すべきではないのです。世知辛い世界と思われるかもしれませんが、それが事実である以上どうしようもありません。ダマされないためには、「話せばわかる」が通じないことを認識しておくべきなのです。

6 「自分はダマされない」が一番危ない

詐欺師の手口などの話をしていると、必ず「私は絶対そんなのにダマされないわ」と言う人がいます。私の経験からすると、実はこういう人に限って、詐欺師や人をダマそうとする人にコロっとダマされてしまいます。

なぜかというと、そういう人には自分に対する行き過ぎた自信があるため、ダマされることに対する緊張感が緩んでしまっており、心のスキが存在しているからです。「自分はダマされやすい」「本当は自分はもうダマされているのではないか？」と考えられる人の心は緊張しています。そのような心構えでいる人は、自分がダマされそうになったときすぐに気がつくことができます。また、いざダマされてしまった場合にも、周りに相談をしたり、すぐに救済機関に駆け込んだりという行動をとることができます。

それに対して、「私は絶対ダマされない」と思い込んでいる人は、「自分はダマされているのでは？」という疑問が少し頭に浮かんだとしても、すぐに「自分がダマされているはずはない」と考えて打ち消してしまうのです。

その結果、周りに相談したり、助けを求めることができなくなり、とことんまでダマされて取り返しのつかないことになってしまうのです。

当事務所へ相談に来たT堂さん（70代男性）も、「自分は絶対にダマされない」という考えを持っていた一人でした。

T堂さんがダマされてしまったのはメールによる詐欺です。ある日突然「とある大富豪が死亡して莫大な遺産が残った。故人は生前多くの人に自分の財産を分けることを希望していた。あなたもその分け前を受け取る権利があるので、希望する場合はこちらのサイトを経由してメールして欲しい」という内容でした。

よくあるメールを使った詐欺で、その件で連絡をするためにはお金が必要で、結局相続財産などをもらえることはなく、延々と連絡するための費用を払い続けるというものです。

明らかに信用できない詐欺の手口であったため、私はT堂さんに「ダマされているので、すぐにお金を払うのをやめなさい」とアドバイスしましたが、T堂さんは頑《がん》として聞き入れません。「いや、これは本当です。私は実際この遺産管理人という人と電話で話をしました。私は銀行の法務部に長年勤めてきました。ダマされて預金をなくしてしまった人などからたくさん相談を受けてきました。ダマしの手口は知り尽くしていますから、私があの人達と同じようにダマされるなんてことはあり得ません」などと言うのです。「では、なぜ弁護士のところへ相談にきたのでしょうか？　自分でもダマされていると感じているのではないですか」と聞くと、「私はダマされていないので、必要ないと思ったのだが、友人が弁護士のところへ行って話を聞いてもらえというので…」と答えます。おそらく、T堂さんの友人もT堂さんに「ダマされている」とアドバイスしたもののT堂さんが認めなかったため、「弁護士から言われればわかるだろう」と考えたのでしょう。

粘り強く説得したものの、T堂さんは結局最後まで納得した様子はありませんでした。

このように、「自分はダマされない」と思っている人は、ダマされる危険がとても高い人たちなのです。とくにそういう人は自尊心がとても高い傾向にあります。そのため、ダマそうとする人たちから、褒め言葉などを言われて自尊心をくすぐられるととても嬉しくなり、すぐに相手に好意を感じて信頼してしまうのです。

「自分は絶対ダマされない」という考えはすぐにでもなくすようにしましょう。

7 欲望をもったときが一番危ない

ダマされる心理法則2（15ページ）でも紹介しましたが、人がダマされてしまうパターンには、欲望を強く持っているとき人はダマされやすいというものがあります。この「欲望を強く持っているとき」というのは、特にダマされる危険が高い状態です。実際、世の中で起きている大規模な詐欺事件は、ほとんどが人の欲望をうまく利用したことによる詐欺です。

たとえば、記憶に新しいところでは円天事件があります。

これはエル・アンド・ジーという会社による詐欺事件で、この会社に10万円以上の保証金を預けると同額の「円天」という電子マネーが支給され、その「円天」を使って、円天市場というネット上のショッピングモールで物を買うことができるというものです。さらに年利100％近い利息を受けることができるなどの宣伝文句で、約5万人から1000億円以上の資金を集め、最終的には破綻し、保証金の返金はされなかったという詐欺事件です。

保証金を預ければ同額の円天がもらえる、100％近い利息が受け取れると巧みに人々の心に欲望を生じさせ、冷静な判断力をなくさせてしまう手口です。

銀行預金の利息が1％にもおよばないこのご時世に、100％近い利息がもらえるなど、どう考えても異常であるにも関わらず、多くの人がこの話に乗ってしまいました。

円天のような、高配当の商品を利用した詐欺事件は、過去にもオレンジ共済事件や豊田商事事件など、くり返し、くり返し起きています。本当にこのような詐欺事件はたくさんあります。冷静なときは、そんなうまい話があるわけがないとみんな思っているのですが、すごく儲かる、うまく行くと欲望を掻き立てられると「この話だけは特別かもしれない」と、心が動かされ、冷静な判断ができなくなり、業者の言うことを信頼してしまうのです。

これらの事件の内容を知るたびに、人は過去の事件から学ぶことがなくダマされ続けていることがわかります。詐欺師は人の「欲望」を狙ってくるのです。

最近起きた安愚楽牧場事件も、同様に人が欲望を掻き立てられたために起きてしまった事件でしょう。

この事件では、牧場運営会社が繁殖母牛への出資を呼びかけました。出資した母牛が子牛を産むと、その子牛の売却代金で高配当を受けられるという内容で、約7万人から総額4000億円以上を集めたそうです。しかし、運営が立ち行かなくなり、結局会社は破産手続が開始されるに至っています。

このように和牛を介在させた投資手法であるオーナー制度は昔からありました。健全に経営されていれば問題はないのです。しかし実際には出資した和牛オーナーの数が多すぎ、事業収益に対してオーナーへの配当支払いがあまりにも多いなど、経営状態は健全とは言い難いものでした。その支払いを回していくために、さらに多くの出資者を募らねばならなくなると、もうその段階では配当金を払うつもりなどなく、出資者を募っていたのではないかと思われます。

本書ではくり返し言いますが、詐欺師は人の「欲望」を狙ってきます。人は目がくらんでしまうような欲望をもった状態のときが、もっともダマされやすいからです。

自分がお金を出したり、投資をするようなときは、欲望のために客観的な視点がなくなっていないか？　本当にダマされていないか？　最後にもう一度だけ確認してみてください。

8 詐欺師ではなく、あなたがあなたをダマしている

「詐欺師ではなく、あなたがあなたをダマしている」。こんな言葉を聞くと「そんなわけがない！　自分が自分をダマすことなどありえない!!」と思うかもしれません。

もちろん、ダマそうとして働きかけてくるのは詐欺師などの自分以外の人間です。しかし、その結果最終的に具体的な行動をするのはあなた自身に他なりません。その意味では、あなたをダマすのはあなた以外にはいないのです。

海外のことわざで「馬を水辺に連れてくることはできるが、水を飲ませることはできない」というものがあります。これは、他人に対してある行動をとらせるように機会を提供することはできるが、最終的に行動させることはできない、という意味です。

たとえば振り込め詐欺でもそうですが、どんなにダマそうとする方の技量が優れていても、実際にダマそうとする人間が被害者に代わって振込をするわけではありません。振込、という最終的な行動をとるのは、振り込めサギにダマされてしまった本人なのです。

このように、最終的には自分が行動してダマされる結果を引き起こしているという事実を認識した上で、そのような行動をしてしまう理由を考える必要があります。

なぜ人はダマされて、相手の思うような行動を自分からとってしまうのでしょうか？

その答えは、「想像力」です。

人は想像力があるために、自分で自分をダマしてしまうのです。

そしてその想像力には、プラスのイメージとマイナスのイメージの二つがあります。この二つのイメージによって、自分で自分をダマす結果を招いていることを理解してください。

一つ目のイメージは、プラスのイメージ。自分にとってメリットがあることや欲が満たされた状態を思い描いてしまうのです。

たとえば、よくある詐欺の手口では、ロト6などの宝くじ必勝法詐欺があります。全然当たりもしない、価値のない「必勝法」が数十万円という高価な金額でネット上で売られていたりします。いかにも怪しい宣伝内容であるにも関わらず買ってしまう人がいるのは、その情報を使って宝くじに大当たりし、一攫千金を得た自分を想像してしまうからです。

そういった情報を掲載しているウェブサイトは、ロト6の必勝法を魅力的に見せることはできますが、無理やり被害者にボタンをクリックさせ、クレジットカードの番号を入力させることはできません。それをしているのは、ネット上のセールストークを読んでバラ色の未来を想像した本人なのです。

また、マイナスのイメージとは、将来の恐怖を想像することです。たとえば、よくある霊感商法。怪しげな占い師が、「このままでは数ヵ月先、命に関わる不運があなたに襲いかかる」と告げます。ダマされる人は、ここで死んでしまうかもしれない自分の不幸な未来を想像しているのです。その結果「それを防ぎたければこの100万円の壺を買いなさい」と言われ、財布からお金を出してしまいます。ここでも占い師が無理やり現金を本人の財布から取り上げているのではありません。

このように、ダマされる行動をとってしまうのは、自分の想像力が直接の原因であることを理解してください。

9 ダマす人は「焦り」がある所を探している

これまで、ダマされてしまう原因を紹介してきましたが、「焦り」もダマされる要因としてとても大きなウェイトを占めます。

焦っている人をダマすのは、焦っていない人をダマすより簡単です。ですから、人をダマそうとする人は焦っている人を狙います。

では、なぜ焦りがある人はダマされやすいのでしょうか？

一つには、焦っている人は心に余裕がなく細かい所に目が行かなくなるということが挙げられます。その焦りがどこからきているかというと「何か」を早く手に入れなければならない状態からです。そのため、その「何か」を得ることだけに注目してしまい、細かい部分を見落とし、その結果ダマされてしまうことになるのです。

大ヒットした金融マンガである『ナニワ金融道』（青木雄二著・講談社）にこんなシーンがあります。このマンガの主人公は消費者金融の従業員なのですが、その先輩従業員は、客に融資をする際、客が午後3時までに銀行に入金しなければいけないことを知った上で、あえて午後3時ぎりぎりにお金を渡します。その際、札束のなかから1万円を抜いて自分の食事代にあててしまいます。客は、すぐにそのお金を銀行に入金しなければいけないため、現金の枚数を確認せず言われたとおりの金額で領収書を書いて先輩に渡してしまうのです。

この客が、現金が不足していることを確認せずダマされてしまったのは、「午後3時までに銀行にお金を入金しなければいけない」という「焦り」があったからです。「焦り」があったが故に1万円不足しているという、細部に目が行かず、ダマされてしまったのでした。

また、焦っている人がダマされやすい原因のもう一つは、焦っている人が提示された以外の選択肢を思いつかない、選べない状況にあるという点です。

焦りがある人は、早く「何か」を手に入れたいがために、目の前に見えている選択肢以外を選ぶことができなくなっているのです。

たとえば、盾その1で述べた婚活不動産詐欺が良い例です。

婚活をしている人の中には「早く結婚したい」という「焦り」を持っている人がいます。とくにわざわざお金や時間を使って婚活サイトなどを利用している人にはそういう人が多いのではないかと思います。

そういった人に対して、詐欺師は「僕と結婚できるかも」という可能性をちらつかせて、投資用不動産などを買わせるのです。被害者となる人は、「目の前の相手と結婚したい」という「焦り」のために、この人以外にも結婚相手はいるという他の選択肢が見えていません。「目の前のこの人と結婚する」という選択肢しか見えていないのです。そのため、「目の前のこの人と結婚するためには、彼が勧める不動産を買うしかない」と考え、契約書にサインしてしまうのです。

このように「焦り」はダマされてしまう大きな原因です。逆に言えば、人をダマそうとしている人間は、「焦り」を持っている人がどこにいるのかを常に考えています。その場所に行って、「焦り」にかこつけて人をダマせば、簡単に成果が得られるからです。

自分がなにかの「焦り」をもっているとき、ダマされやすい状態にあるということを意識しておいてください。

なお、この「焦り」に気をつけるというのは、盾1で触れた「ダマされる心理法則⑧　残り一つの法則」とほとんど同じ意味です。人は、残り一つしかない、選択肢がない、と考えた結果「焦り」を感じ、ダマされてしまうのです。

盾 その4

ダマす相手への反撃方法

これまで、ダマされる心理法則、ダマそうとする敵の戦略、ダマされないための心構えを見てきました。

いかに知識を増やしたり、心構えを整えたとしても、ダマそうとする相手に対する反撃方法、対処方法を知らなければ意味がありません。

本章では、ダマそうとする相手に対する具体的な反撃方法を説明したいと思います。

1 とにかく即決しない!!

ダマそうとする人に対して有効な反撃方法は、「とにかくその場で即決しない」ということです。これは基本的な対応方法で、とても有効です。

人をダマそうとする人は、とにかく決断を急がせ、すぐにその場で決めさせようとします。なぜでしょうか?

それは、ダマそうとしている人が、価値のないものを提供して相手から価値あるものを引き出そうとしているからです。

たとえば安物のハンドバッグを、さも「ブランド品がお買い得」でもあるかのように見せかけて売っている業者がいるとします。業者は、それが価値のない安物であることを知っています。そして、そこにやってきた「価値ある品が割安で売られている」と勘違いして喜んでいる客が、じっくりとそのバッグを品定めしてしまうと、安物であると見抜いてしまうことを理解しています。

だからこそ、安物だとわかってしまう前にお金を払ってもらいたいと考えるのです。また、客の感情がおさまり冷静になってしまうとダマされなくなってしまうということを理解しています。

あなたは、バーゲンセールで大幅な値引きに興奮し、たくさん洋服を買ってしまったものの、結局あんまり着なかったなどという経験はありませんか？

人は興奮状態にあると冷静な判断ができなくなり、間違った行動をしてしまいがちなのです。

ダマそうとする人はこれも理解しています。

ですから、ダマそうとする人は興奮状態となっている相手にその場で決断を迫り、冷静になる前に相手から価値あるものを引き出そうとするのです。

詐欺に限らず、普通の商売でも「今ここで決めてくれたら、さらに追加の価値を与える」という手法はよく使われます。たとえば、「今日買ってくれれば、特別に商品代金を2000円割り引きます。明日になったら割引はできません」などと言って即決させるのです。そうまでして即決させたいのは、割引をしてでも今日買わせた方が、時間をおいて「買わない」という判断をされるより利益になるからです。

即決にリスクがあることがわかる例では、即決詐欺と呼ばれるものがあります。これは、インターネットのオークションサイトを利用して行われる詐欺です。オークションサイトでは、通常どおりオークション形式で入札が行われる場合の他に、即決という方法があります。これは出品者が一定額を提示して、この金額で購入意思を示してくれるのであればすぐに売ることにしますというものです。購入する側からすると、入札をくり返して競り落とす手間が省け、しかも確実に購入できるというメリットがあります。

しかし残念なことに、焦って購入を決め、出品者の指示どおりに急ぎ入金しても、期待した商品は届かないのです。わざわざ丸めた新聞紙などのゴミや、偽物のチケットなどを送りつけてくることもあります。こういった即決詐欺を行う出品者は、よくよく見れば怪しい出品者であることがわかります。出品の履歴がほとんどなかったり、高額な商品をあり得ないほど安い金額で売っていたりするのです。

おそらく即決でなければ、購入者は、じっくりと出品者の履歴などを確認し、怪しいので購入はしなかったでしょう。

ダマされないためには、とにかく即決せずに持ち帰る。時間をおいて冷静になることが大切です。

2 上にいる団体がいないかどうか考える

ダマされているかどうかわからない、相手が信用できる人物なのかわからない、という状況に陥ったとき有効な反撃手段として「その相手の上にいる団体がいないかどうか考える」という方法があります。

その上の団体が誰でも知っている信頼できるような組織であれば、その団体に対して、ダマそうとしている相手が本物かどうかを確認すればよいのです。

これだけの説明ではわかりにくいと思いますので、具体例でお話しします。

「消防署の方からきた消防設備センターの者です」といって、突然家庭を訪問し、「法律で最新型の消火器の設置が義務づけられました」などというセールストークで高額な消火器を売りつけるという詐欺があります。ここでもし、あなたがその訪問を受け、本当に法律上必要な消火器なのかどうかわからないとき、目の前の相手である「消防設備センター」を取りまとめるような上の組織や団体がないかを考えます。

世の中の会社や組織には、それらの会社などを取りまとめる、より上の団体や組織があります。たとえば、プロ野球のチームには日本野球機構という上部組織がありますし、相撲部屋には日本相撲協会という上部組織があります。

このような上部組織、団体がないかを考えるのです。

消防設備センターの例で考えると、「消防」という名前がある以上、消防署が上部の団体として存在しているのではないかと想像できます。「義務づけられた」とまで言われているのですから、公的機関である消防署が関わっているはずです。

そうしたら、その場で最寄りの消防署に電話をして、「消防設備センターなる人から、消火器の購入が法律で義務づけられていると聞いたのだが」と確認すれば、すぐにそれがウソであることがわかるでしょう。そして、その場で確認することが難しければ、絶対に即決してはいけません。とりあえず連絡先を聞き、セールスマンが帰った後にゆっくりと消防署などに問い合わせをするのでもいいでしょう。


上にある団体がなにかを考えるときには正確である必要はありません。漠然とどこかそういった団体はないかを想像すればいいのです。正確に調べようとすると手間暇がかかって大変です。また関連する団体には、自分たちの団体の周囲で起きたそういった事例が自然と集まっているため、確認すれば多少的外《まとはず》れでも教えてくれる可能性が高いからです。また、よりふさわしい問い合わせ先を教えてくれるかも知れません。

業界の監督官庁や、所在地がある自治体を考えてみるのも良いでしょう。とにかく「よく知らない相手」と取引をするときには、しっかりした信用できる団体の裏付けをとるということが大切なのです。

私の事務所に相談にきたU吉さん（30代男性）も、この方法でダマされずに済んだ一人です。U吉さんは、ある人とトラブルになっていたところ、相手方の弁護士を名乗る人物から「法的に見てU吉さんは慰謝料を払わなければならない」と言われました。しかし、その自称弁護士はメールと電話で連絡をするだけで、事務所の住所を教えたり、文書を出してくるということがありません。U吉さんは不審に思いましたが、法律のことはまったくわからないので反論できません。

弁護士にも、「弁護士会」という「上にいる団体」が存在します。そして弁護士会に問い合わせすれば、弁護士が実際に存在しているのかどうかがわかるようになっています。話を聞いた私がそのことをU吉さんに説明し、すぐに調べてみたところ、案の定そのような弁護士は存在していないことがわかり、U吉さんはその偽弁護士の言いなりにお金を支払わないで済みました。

ダマされそうになったら相手の上にいる団体を探す。ぜひこのことを覚えておいてください。

3 恐喝犯を一発で黙らせる「私、○○しています」

人をダマそうとする人は、暴力的な発言で怖がらせたり、一度言ったことを「そんなことは言っていない」などと言って、人に自分の思うような行動を取らせたりします。そのような相手に対して有効な一言は、

「私、『録音』しています」です。

ダマされそうな状況ではこの一言と、実際に録音するという行動が、相手に対する有効な反撃手段です。

なぜ録音がダマそうとする相手にとっての脅威となるのでしょうか。それは、録音がダマそうとする相手を追い詰める証拠となるからです。

恐喝事件や詐欺事件が発生しても、裁判では結局証拠がものを言います。どんなに被害者が「脅された」「ダマされた」と言っても、被害者の証言だけではなかなか有罪という判断がされないのが日本の裁判の現実です。

警察もたくさんの事件を抱えていますので、証拠もない状態で被害を訴えられても、裁判で有罪となるかどうかわからないような事件に労力を割きにくいのはやむを

得ないといえます。

ダマそうとしている人間も、証拠がない状況では「そんなことを言った覚えはありません」「勘違いでしょう」などととぼけるつもりです。

ところが録音をしていると違います。自分の発言が残ってしまうのです。第三者にも聞かれてしまうのです。録音は、裁判でも使える立派な証拠です。ですから録音するだけで、人をダマそうとしている人間にとっては脅威となります。

極端なことを言えば、実際に録音をしていなかったとしても、「録音しています」という言葉だけで脅威を感じるものなのです。

あなたはクレジット会社のコールセンターなどに電話した際、自動音声で「この電話の内容はすべて録音しています」という音声が流れるのを聞いたことがあると思います。最近多くのコールセンターで行われるようになりました。

そのような録音を導入した理由は、表向きはサービス向上のためなどという名目でお客様の注文内容などを正確に記録するということのようですが、激しいクレーム電話を減少させるためという意図もあるものと思われます。

あなたも「録音しています」と事前に言われれば、理不尽な言い方や態度はとらないように気をつけると思います。

「録音しています」ということは、調子の良いことを言って人をダマそうとする相手にも効果的です。録音しておけば、相手が矛盾することを言っていることをきっちりと指摘することができるからです。

実際にどのような方法で録音すればいいかという問題ですが、今は小型で高機能なICレコーダーが安く購入できますので、一つ購入し常日頃から身につけておいてもよいでしょう。

またスマートフォンには録音アプリがありますので、それを入れておいて使うのがいいでしょう。スマートフォンは常に携帯しているので現実的です。

また電話内容を録音するのであれば、イヤホンのように耳に付けて電話内容を記録できる録音用イヤホンがあります。私はこれらの道具を常にカバンに入れて備えをしています。

録音する際に「お話しした内容を後で忘れてしまわないように録音させてください」などと言うと、相手の機嫌を損なわずに済むのではないでしょうか。

録音については盾7の5でも詳しく説明していますので参照してください。

4 とりあえず「ググる」ことが大切

突然ですが、あなたはよく「ググる」ことをしますか?

「ググる」とは、インターネットの検索エンジンであるGoogleでネット上の情報を調べることです。グーグルに限らず、Yahoo!で検索しても良いのです。

「インターネットで情報を調べる」というのも、ダマしに対する強力な反撃手段です。詐欺などのダマそうとする手法や、ダマされてしまったことの情報はインターネット上で大量に共有されているからです。

試しに、気になる単語と一緒に「詐欺」という言葉をネット上の検索窓に入れてみてください。「○○　詐欺」というふうに検索をしてみるのです。

たとえばあなたが、「絶対勝てる競馬情報を買わないか」と言われて迷っているとき「競馬情報　詐欺」などと検索してみるのです。そうすると、大量に競馬情報詐欺について書かれたサイトがヒットします。

その中には、どのようなうたい文句で競馬情報が売られているのか、ダマされてしまった人がはまってしまった手口などが事細かに書かれているのがわかると思います。そういった情報を読んで、自分が購入を検討している競馬情報と同じところはないか、違うところはないかなどと確認してみるのです。そこに自分が直面している事例と似ているものがあれば警戒するべきでしょう。

このググるという手法はとても簡単かつ有効な手段です。

まず検索することではお金はかかりませんから無料です。細かいことを言えば、通信費、プロバイダ使用料などが必要ですが、それはもともとインターネットを使っていればかかる費用です。また、調べるのにかかる時間も数秒です。検索窓に単語を入れれば、ものの数秒で検索結果が表示されます。

加えて言えば、現在はスマートフォンなどを使えばパソコンもいりません。電波が届いていればどこでもすぐにググれるのです。たとえ、あなたをダマそうとする相手が目の前にいたとしても、携帯電話を確認するふりをしながら目の前で相手の情報を調べることができるのです。

最近は私の法律事務所に相談にくる人も、事前にある程度自分でネット検索をしてからくる人が増えています。相談前に「私はダマされてるかもしれない…」とうすうす理解しているのです。法律事務所に相談にくるまでもなくググることでダマされる被害を防止できている人も多いと思います。

逆に言えばググれない人、ググらない人は、ダマされやすい人であり、ダマす人たちから狙われる立場になります。

インターネットなどを苦手とする高齢者や、ネット上の情報などの利用が困難な人たちを〝情報弱者〟というような呼び方をすることがありますが、まさにそういった人たちはダマされやすい人たちに当たります。

自分がネットを使えないのであれば、家族や知人にお願いするなどの方法もあります。ダマされないためにも積極的にネットを使いましょう。

なお、「〇〇　詐欺」などで検索にヒットしたサイトの中には、被害者をさらにダマそうとするサイトもあります。「〇〇詐欺の被害者を救済します」などと言ってさらに手数料などの名目でお金をだまし取るケースもありますので注意しましょう。

こうした詐欺に関するネット上の情報が信頼できるかどうかを見分ける一つの基準は、誰が書いているのかが明らかにされているかどうか、です。たとえ記事の内容が詳細であっても、サイトの管理者について書かれていなかったり、住所や連絡先がなかったり、実在が疑われる団体名しか書いていない場合など、誰が書いているのかが明らかにされていない場合には、その内容が真実かどうか慎重に判断をすべきです。

5 「鈍感」な人はダマされない

「あのひとは鈍感だ」と言うとき、「鈍感」であることはマイナスの評価を示す言葉として使われます。多くの場面で「鈍感」という言葉が肯定的に使われることはないでしょう。

しかしながら、人からダマされないという観点でみると、「鈍感」であることはとてもプラスです。「鈍感」な人はダマされにくいのです。

なぜ「鈍感」な人はダマされにくいのでしょうか?

それは「鈍感」な人は感情の動きが少ないからです。これまで述べてきたとおり、ダマされる人はダマす人によって大きく感情を動かされ、その結果、過剰な行動を自ら取ることによってダマされる結果を引き起こしています。

たとえば、この壺を買わなければ不幸になると言われて高価な壺を買ってしまったという人は「不幸になる」というマイナスの感情を大きく揺さぶされ、高価な壺をダマされて購入してしまうのです。

逆に、「この未公開株を今の内に購入しておけば絶対に儲かる!」と言われて価値の無い未公開株を高額で買ってしまった人は「一攫千金《いっかくせんきん》！」というプラス方向の感情を大きく揺さぶられてしまったと言えます。

どちらにしても、感情を大きく揺さぶられた結果ダマされてしまったのです。

「鈍感」な人は、このような感情の動きが少ないので、ダマそうとする人から不安を煽られるようなことを言われても動揺しませんし、欲望を掻き立てられることもありません。

前述したとおり、ダマそうとする人ができるのは、ある行動をとってもらいたいという働きかけだけです。直接の行動をとるのはダマされた本人です。人は、感情を動かされたことにより行動を起こします。「鈍感」な人は感情を揺さぶられることがないため、ダマされるような行動をとることもないのです。

ではどうすれば「鈍感」になれるのでしょうか？

「鈍感」さは人間性ですから、意識しても簡単に変えられるものではありません。しかし次のように「鈍感」にふるまうことは可能です。

まず一つは、ダマそうとする人の話に、あいまいに相槌を打つという方法です。ダマそうとする相手が話しているときに「はあ、はあ」「う〜ん」など歯切れの悪い対応をするのです。経験があると思いますが、自分が話をしているときに相手がのらりくらりとした対応をしているとテンションが下がり話を打ち切りたくなります。逆に相手が「はい！　はい！」「なるほど」など良いリアクションをしてくれると調子にのってますます話をしたくなります。これと同じように、ダマそうとする相手のテンションを下げさせて、ダマそうとする働きかけを弱めるのです。

次に、意識的に無表情な顔をするというのも良い方法です。ときには、話の途中でクビを傾げたり、眉をひそめたりするといいでしょう。人は、言葉以外の仕草や表情といった非言語的な要素から相手の気持ちを汲み取っています。無表情な顔をすることで、ダマそうとする相手に「あなたの話に興味はない」という意思を伝えることができ、ダマそうとする人の意欲を削《そ》ぐことができます。相手から「この人は鈍感そうだ」と思われたら成功です。

また、意図的に行動を遅くするのも有効です。わざとゆっくり喋ったり、遅く歩くことで、自分が過剰な反応をしてしまうことがなくなりダマされなくなるのです。

このような反応をしたときに相手がイライラしたり、怒りの感情をぶつけてくる場合、その相手はあなたをダマそうとしていた可能性があります。心を操ろうとしているのに、感情を動かさないあなたに不満を感じているからです。

6 「怒り」と「沈黙」を使いこなす

ダマす相手に対して有効な手段の一つが「怒り」です。

「攻撃は最大の防御なり」という言葉がありますが、「怒り」はまさにダマそうとする相手に対して「怒り」という「攻撃」をすることで相手の出方を弱めてしまうのです。

相手が自分より上の立場にいるように思えるとダマされやすいのです。上からものを言われると、会話の主導権をとられて言いくるめられてしまいます。

「怒る」という行動は、通常上の立場の人が下の立場にいる人に対して行う行動です。たとえば、会社では上司が怒りますし、お店ではお客さんが店員に対して怒ります。「怒る」という行動は暗黙のうちに上下関係を表現しているのです。

ここでダマされそうになっている人が、ダマそうとしている人を怒ると、この上下関係をひっくり返すことができます。自分が「ダマされてしまいそうだ」と感じたら、怒ればいいのです。

そう言われてもなにを怒ればいいの？　と思われるかもしれません。

結論だけ言うと、ダマされそうなときに怒る場合には、その理由はなんでもいいのです。理不尽な理由でかまいません。

たとえば、キャッチセールスや、投資話などでは時間を取らせたことについて怒ればいいのです。「忙しいなか時間をつくって話を聞いたらそんな内容か！いい加減にしろ！」などと怒るのです。相手が「話を聞きたいと言ったのはそちらでしょ！」と怒ってきても問題ありません。それで話は決裂し、結果的にダマされることはなくなるからです。

ただし、日本人は感情を表に出すのが得意でない人が多く、「怒る」行動をとるのは難しいかもしれません。

そんなときに有効な方法は「沈黙」です。「沈黙」なら、ただなにも喋らず黙っているだけですから簡単に実行できるでしょう。

これはダマされている、と感じたら一切話をしないようにするのです。

この沈黙という対抗手段は、ただ黙っているだけで良いという簡単さだけではなく、相手から言葉尻を捉えられることがないというメリットがあります。

人をダマそうとする人の一つのテクニックとして、相手の言い訳を潰して追い詰めるという方法があります。

たとえば、訪問販売で健康食品や美容器具を高額な値段で買わされそうなときに、被害者が「そんなにお金がないので買えません」と言って断ろうとすると、ダマそうとする業者は「ローン会社を利用して長期分割が可能ですよ」と言って、拒否する理由を潰してきます。また「効果があるかわからない」と言って断れば「1ヵ月間は返金保証があるから大丈夫です」などと言ってきます。このように下手に言葉を返すと言葉尻を捉えられ、断る理由を潰されて追い込まれてしまうのです。

下手に言葉を返すのではなく、薄ら笑いを浮かべながら沈黙をしていたほうがよほど効果があります。私もこれを利用しています。

私が事務所で仕事をしていると、聞いたこともない会社から「不動産投資をしませんか」などの営業電話がかかってくることがあります。普段は取り次ぎをしないで終わりますが、間違って出てしまった場合などには、受話器をおいて勝手に相手に喋らせます。対応することも可能ですが、労力がもったいないですし、電話代は相手持ちですからこちらは痛くありません。しばらくして「興味ありません」と一言言えばそれで終わります。

「沈黙は金」という言葉がありますが、ダマされないための方法という観点からみれば、この言葉はそのとおりだと言えます。

7 一言でもいいから専門家に聞く

ダマされないための手法として、たった一言でもいいから周りにいる専門家に話を聞く、ということを覚えておいてください。

ダマされてしまう人がなぜダマされるかというと、専門的な知識をもっていないからです。たとえば、値段に見合う効果がないにも関わらず高額な健康食品を買ってしまう人は、食品の栄養素などに関する専門的な知識がありません。栄養に関する正確な知識をもっていれば、すぐにその健康食品に価値がないことを見破ることができます。

専門知識をすぐに身につけることはできません。専門家は普通の人は知らない専門的な知識を身につけているから専門家としての価値が認められているのです。専門知識をすぐに身につけることはできませんが、専門家に話を聞くのは簡単です。

健康食品の効果については、栄養士や医師に聞けばわかるでしょう。友人・知人のつてを探していけば、一人ぐらいはそういった知識をもっている人がいるものです。

またインターネットで質問ができる場合もあります。いずれにせよ少し手間をかければ専門家から話を聞くことは思っているより簡単です。

私が相談を受けた20代の女性V川さんも、専門家に話を聞くことによりダマされることを防ぐことができた一人です。

V川さんは、地元の高校を卒業したあと、職場で知り合った男性と結婚し子どもをもうけます。その後男性が浮気をくり返し、生活費もろくに支払わなかったため、V川さんは離婚を決意しました。ところがV川さんが離婚を切り出したところ、夫は「お前から離婚を言い出したのだから、子どもの親権は俺のものだ。また慰謝料も払ってもらう。法律でそうなっている」などと言われたそうです。

V川さん曰く、自分は高卒で相手は大卒だから、相手の言っていることは正しいのではないか、自分から離婚を言い出した以上、慰謝料も払わなければいけないのではないかと怯えていました。

しかし、法律で「離婚を言い出した方が慰謝料を払わなければいけない」という規定はありません。「離婚を言い出した方は親権をとれない」という規定も一切存在していません。V川さんの夫はまったくのデタラメを言っていたのです。

V川さんが、私すなわち弁護士という専門家にこの話を相談していなかったら、おそらくV川さんは、夫の話を信じて慰謝料を払っていたでしょう。疑問を感じながらも愛する子どもの親権も夫に譲っていたかもしれません。

そうなればV川さんの人生は大いに狂っていたと思います。専門家に僅かな時間（30分程度）相談したことがそれを変えたのです。


私も、とある違法建築をめぐる事件で、専門家に話を聞くことの重要性を痛感することがありました。その事件では、家の建築に利用された素材の性質が問題となっていましたが、専門的な内容で私には理解できませんでした。建築の専門書などを長時間調べても今一つわかりません。

手詰まりに陥っていましたが、ふと建築士の友人がいることを思い出し、電話をしてみたのです。そうしたところ、すぐに電話の会話だけで問題は解決しました。その友人は、その素材に関する資料がどこに行けば手に入るかも教えてくれました。

専門家と一般人の知識の差は思っているより遥かに大きいのです。一般人にとって難しい問題も専門家には常識であることが多いのです。

少しの勇気を出して専門家に相談すれば、ダマされずに済むのです。ぜひ専門家を利用しましょう。

8 王道だがやはり効果絶大「警察を呼ぶ」

「なにかされそうになったらとにかく警察を呼べ」とよく言われますが、これはとっても効果的です。

ダマされそうになり、どうしていいかわからない！という状態になったら無条件で警察を呼んでしまえばいいのです。

警察を呼ぶことのメリットはたくさんあります。まず、警察を呼ばれた相手にとって警察を呼ばれることは「面倒なことに巻き込まれること」に他なりません。たとえば法律上違法なことをしているわけではなくても、警察がきてしまえば事情を話さざるを得ません。経緯を話すということ自体大変な手間がかかります。人をダマそうとする人も費用対効果を考えており、ダマすのに手間がかかる人に時間をかけているよりはそういった人はすぐに諦めて、ダマされやすい人をダマした方が簡単なのは明らかです。

次に警察を呼ぶことにより、状況がリセットされるという効果があります。ダマそうとする人のペースにハマり込んで判断能力がなくなっていた状況から警察がくることによって状況がリフレッシュされるのです。逆らうと何かされるんじゃないかという、身の危険も減りますから、より冷静になれるでしょう。

さらに警察官という客観的な第三者が加わることになり、冷静な判断ができるようになります。警察官へ経緯を話すことにより、自分が置かれている状況を再確認し、警察官の視点も踏まえて状況を把握することができるようになるのです。

弁護士などの専門家へ相談することがダマされないためには有効であると書きましたが、専門家に相談していたのでは間に合わないということもよくあります。そんなとき警察を呼んでしまうべきなのです。

これは私の友人Wの大学生時代の話です。Wは学生時代にアルバイトでお金を稼ごうと考え、バイト雑誌に載っていた時給の高い深夜営業のバーのウェイターに応募しました。面接に行ったところ、雑誌に載っていた仕事はもう別の人に決まってしまったと言われ、その代わりに「秘密だけどすごく稼げるバイトがある」という話を持ちかけられました。若気の至りから友人Wは、二つ返事でそのバイトをすることにしました。そのバイトの内容は「裏物のＡＶビデオを車で配達する」という内容でした。怪しい仕事でしたが、Wは高額のバイト代に釣られてすぐに始めることにしました。

バイト先が用意したベンツを運転させられ、深夜バイト先の人間と配達をします。Wが車を運転していると、物陰から人が飛び出し車にぶつかりました。Kは人をはねてしまったと動揺します。はねられた人物はWと一緒に病院へ行き、治療を受けます。そしてWに対して高額な慰謝料を請求し、払わないなら警察に告訴すると言うのです。バイト先の従業員はWに対し、「このバイトは違法なAVを売るバイトだから、告訴されたらお前がつかまる。だから素直に払っておけ」と言います。Wはパニックになります。あとから判明したところによると、事故の被害者もバイト先従業員とグルであり、いわゆる当たり屋のような詐欺師たちだったのですが、Wはそのことがわかりませんでした。Wは父親に相談し、父親がすぐに警察に相談に行ったのです。警察はその詐欺師たちと話をつけてくれ、真相が明らかになりWは事なきを得ました。

詐欺師たちはWを犯罪行為に関わらせることで、警察に相談できなくさせたつもりでしたが、Wの父の英断により警察に事件を解決してもらうことができました。

このようにパニックになってしまったときはためらわず警察を呼ぶか、警察に駆け込みましょう。それだけでダマされる結果を防ぐことができます。

またダマされる可能性が切迫していなくても、将来ダマされることを防ぐために警察に相談するのも有効です。

9 相手を質問攻めにする

当事務所の顧問先であった会社の社長X塚さん。現在50歳代後半、実にエネルギッシュで積極的。会社の業績も良く、かなり羽振りがいいようです。

人をダマそうとする人たちは、お金を持っている人を嗅ぎつけて近寄ってきます。X塚社長のところにも怪しい投資話がたくさん持ち込まれてきていました。

私がX塚社長から相談を受けた案件は、その中でも事業投資詐欺の臭いがプンプンするものでした。なんでもバイオ技術で汚水を飲水に変える画期的な技術を持った会社があるのだが、資金がないため製品化できない、製品化さえできれば絶対に世界中で売れる製品だからと、投資を勧められているということでした。

もし本当にそんなに注目されている技術ならば、すぐに資金は集まるはずで、わざわざ中小企業の社長に頼むはずはないとわかりそうなものですが、X塚社長は投資に乗り気です。「やめたほうがいい」とアドバイスしても、X塚社長は、「信頼できる人から紹介されたので無下《むげ》に断れない」「本当だったらすごい投資のチャンスを逃すことになる」と言うことを聞いてくれそうにありません。

そこで私がアドバイスしたのは、「そうであるならば、まずはそのバイオ技術会社の人に徹底的に質問をしてください。その技術の理屈や、製品の詳細、販売計画や、売上げ見込み」などなど、全部社長が納得できるまでお金を渡さないでください」というものでした。

このアドバイスにしたがって、X塚社長がバイオ技術会社の人に質問をしたところ、「ご質問の件ですが、専門的な技術なのでわからないと思います」という返事が返ってきました。そしてその後も、製品の販売計画や、売上げ見込みなどについて聞いても、景気の良いことは饒舌に語るのですが、細かい、具体的な点については曖昧な内容しか答えず、実際には計画などまったく立てていないのではないかというような印象を受けました。そんなことから、X塚社長が投資はやめようと決めかけていたところ、なんとそのバイオ技術会社の方から「今回の話はなかったことにして欲しい」という連絡があったそうです。

この事例からもわかるように、人をダマそうとする相手に対抗するために「相手を質問攻めにする」ことは非常に有効です。

相手を質問攻めにすることで、相手のボロを明らかにすることができるからです。

質問をくり返していると、相手の話に矛盾やほころびが出てきます。こうしてウソを暴くことで、ダマそうとしている人の手口を暴いてしまうのです。

また質問をくり返すことで、ダマそうとする人間に「こいつは面倒な相手だ」と思わせることができます。既に述べたとおり面倒な人間はダマそうとする人にとってはコストパフォーマンスが悪い相手です。こいつは相手にしないほうが得策だと思われることで、ダマすことを諦めさせるのです。

ダマそうとする人間が嫌がる質問は、いわゆる5W1Hを特定した質問と、相手の責任の所在を明確にする質問です。先ほどの投資の例でいえば、いつまでに、誰が責任者となって、どのような方法で、どこで、どんなことをするのかを明確にします。また、責任者の氏名・自宅住所・携帯電話などの連絡先、計画が頓挫したときの責任のとり方、などを質問するのです。人をダマそうとする計画は、たいていこれらの点が曖昧ですので、質問を続けていくうちに、相手はあなたをダマそうとしなくなるでしょう。

相手を質問攻めにするという方法は、相手に対するソフトな働きかけでダマされることを防止できるという点でとても優れています。ダマされそうになったときにはぜひ試してみてください。

盾その5

ダマされてしまった場合の対処方法

本章では、警戒をしていたにも関わらず残念ながらダマされてしまった、という場合の対処方法をお伝えしていきます。「ダマされたからもう駄目だ！」と考えるのではなく、すぐに気持ちを切り替えて、対処方法を考えましょう。

うまい対応をすれば、被害を回復することができたり、少ない被害に留めることが可能です。

1 家族や友人、知人に相談する

「ダマされてしまった」と気づいたときに、まずして欲しいことは、家族や友人、知人など、周囲の人に相談するということです。基本的なことで何を今さらと思われるかもしれませんが、とても重要なことですし、実践できていない場合も多いものです。そして、周囲の人に相談することで問題解決するということも多いものです。次の例はその典型的な例です。

当事務所に相談にきたY崎さんは30代前半の男性です。奥様と一緒に相談にきました。Y崎さんが何にダマされてしまったのかというと、いわゆるヤミ金業者です。

ヤミ金業者というのは、正規の貸金業の資格を持っていない貸金業者のことで、数万円から十数万円程度の小口の現金を高い金利で貸付、暴利を得ることを生業としています。その金利は、年利にして数百%にもおよぶことがあります。

取っていい利息は法律で定められていますから、明らかな違法行為です。

Y崎さんは相談の際、終始肩を丸めてうつむき、ほとんど喋ろうとしませんでした。その代わり奥さんが事情を話してくれました。

なんでもY崎さんは、勤めていた会社をクビにされたものの、奥様にそのことを言うことができず、仕事をするふりをして日中パチンコをして生活費を稼いでいたそうです。ところがパチンコで負けが続き、最終的にヤミ金業者の誘いに乗ってしまい、数百%の利息による借り入れをしてしまったということでした。借入金額は総額で百万円単位におよび、これまでに返済してきた利息と、これから払うべき利息の金額を計算すると被害額は膨大なものでした。

今後どのようにするつもりかを確認したところ、奥様としては、夫のY崎さんは許せないが今回だけは助けるつもりだと言います。そして、奥様が密かに貯めていた貯金があるため、ヤミ金業者にすべて返済して終わりにしたいということでした。私は、奥様とY崎さんの意向を受けてヤミ金業者と交渉し、この件は解決に至りました。

この例では、Y崎さんが、奥さんにお金がないということを相談することができなかったためにヤミ金業者からお金を借りてしまいました。そしてヤミ金の法外な返済金についても、借りた後相談することができませんでした。そのために、何度もヤミ金業者に対して返済をくり返してしまい、払う必要のない高い利息を払い続ける結果となってしまったのです。

もしY崎さんが、ヤミ金業者が法外な利息をとっており到底返済ができるものではないということを、もっと早く奥さんに相談していたら、被害は小さかったでしょう。

ダマされてしまっても一言勇気をもって家族、友人、知人に相談することができれば、知恵を借りたり、手助けしてもらったりして、被害を最小に留めることができるのです。また前述した私の友人Wの例にもあるように、家族や友人に相談するだけでダマされても被害を受けないで済むこともあります。

家族や知人にも相談ができないでいるときは「自分がダマされたことが恥ずかしい」という思いがあることもあります。

そんなときには、「このまま隠し通したら、どのような結果になるか」を想像してみてください。自分がさらに莫大な損害を受けることになったり、信頼を失うなどの結果になり、「自分が恥ずかしい思いをする」よりよほど悪い結果になることがわかると思います。

またダマされたことを人に話すだけでも、一人で問題を抱え込むより精神的にはずっと楽になります。

ダマされたら勇気をもってまずは周りに相談しましょう。

2 その一手間があなたを救う！ 記録や証拠を残しておく

ダマされてしまった後に意識して欲しいことは「記録や証拠を残しておく」ということです。ダマされてしまい、金銭的な被害を受けたことが明らかであっても、ダマした相手がその事実を認めないことがあります。

そんなときは、「ダマしたのだからお金を返せ！」と相手に言っても水掛け論で終わってしまいます。そうならないためには、証拠や記録の存在が必要になります。

証拠や記録が、後から裁判などで損害の賠償を請求するときに必要になるのは言うまでもありません。それればかりではなく、証拠や記録は、裁判をする前にダマそうとする相手と交渉し、被害を取り戻すことにも役立ちます。というのも、しっかりした証拠があれば、ダマした相手も「裁判を起こされて、この証拠を出されたら負けてしまう。裁判になれば、手間暇がかかるし弁護士費用もかかるから大変だ。それだったら今すぐに支払って終わらせよう」と思うものだからです。

このような例が、私が弁護活動を担当したZ島さんの例です。Z島さんは、60代後半の中小企業の社長。とてもエネルギッシュなのですが、私から見るとちょっと慎重さに欠け、すべてを勢いで決めてしまう傾向がある方でした。

Ｚ島さんがダマされてしまったのは、商品先物取引詐欺です。

最近は事例が少なくなっているようですが、商品先物取引詐欺というのは昔からあるやり方です。商品先物取引自体は何ら違法なものではないのですが、商品先物取引詐欺では、先物取引を行うに十分な金融知識がない人に対し、「絶対に勝てます」「負けることはありません」などと言って、顧客にたくさんの取引を行わせ、多額の証拠金や手数料を負担させるのです。客がやめると言ってもなかなか売買を終了させず、市場の値動きによっては、短期間で被害額が大きく膨らんでしまうこともあります。

Ｚ島さんは、突然営業電話をしてきた投資会社のセールスマンから「負けることはありません」「言うとおりに売買してもらえば儲かりますよ」などと持ちかけられ、強引に説得されて取引を始めてしまったのです。

案の定、知識のないＺ島さんは儲かることがなく、損失が拡大するばかり、Ｚ島さんはセールスマンに「話が違う」と言いますが、「今は様子見です」「もう少し取引を増やしてみましょう」「今やめると損しますよ」などと言いくるめられ、あれよあれよという間に数千万円の損害を受けてしまったのです。

さすがにこれ以上は続けられないと判断し、取引を止めた後、Ｚ島さんはセールスマンに対し、被害額を返金するよう求めますがまったく取り合おうとしません。

そこで私のところへ相談にきたのです。私はZ島さんに対し、証拠をとるためにもう一度セールスマンのところへ行き、会話を録音してくるようにしてもらいました。Z島さんはそのとおりに実行し、かなり粘った末に『「あなたは私に「絶対儲かる」と言いましたよね」「まあ、言ったかもしれませんが…」』という会話を録音してきたのです。その後私がZ島さんの代理人になって交渉を開始しました。投資会社は、当初は責任を否定しましたが、私がZ島さんの録音してきた音声データを示すと、手のひらを返したように態度を改め、交渉に応じるようになり、一部の責任を認め、被害金額も一部返ってきました（商品先物取引自体は違法な行為ではないので、全額が返金されることは少ないのです）。

このように、記録や証拠には、ダマされた後に被害を回復する強い効果があります。ダマされたからもう今さらどうしようもない、と諦めるのではなく、どうすれば記録と証拠を手に入れることができるかを考えましょう。

なお、ダマされた人の中には、自分がダマされたという不快な気持ちを思い出したくないため、関係する資料や記録などを捨ててしまう人がいますが、絶対にやめましょう。自ら被害回復の可能性を失わせるとてももったいない行動です。

3 もう敷居は高くない！ 弁護士に相談しよう

弁護士の私が言うのもなんですが、「ダマされた!!」と思ったら弁護士に相談しましょう。インターネットや書籍からもダマされた場合の対応策を学ぶことは可能ですが、事案に合った柔軟な対応をしていくためには弁護士に相談するのが一番です。弁護士は法律問題を全般的に扱うことが可能な唯一の資格です。「これは弁護士に相談してもいいのかな？」と迷っても躊躇《ちゅうちょ》せずに相談することを勧めます。

ただ、多くの人は「弁護士費用が高いのではないか？」と心配されているのではないでしょうか。

確かに、弁護士に具体的な事件の処理を依頼する場合、それなりの金額がかかります。内容にもよりますが、数十万円以上する場合もあります。

しかし、事件を依頼する以前の「相談」だけであれば、無料でできる場合が多いのです。一昔前は日本には弁護士の人数がとても少なく、敷居が高かったのですが、最近は試験制度の変更により弁護士の数が激増しています。そのため、各弁護士が依頼者サービスを充実させており、「初回の30分間の相談だけなら無料でやります」など、法律事務所は以前より身近な存在になっているのです。

ダマしの被害にあった直後は、みなさんパニック状態。そんなとき、わずか30分でも専門家に相談することはとても有効です。大体の今後の見通しがつき、どのような対応をすればいいかわかります。

インターネットを使う人は、自分の住んでいる「地域名＋弁護士＋無料」などのキーワードで検索をしてみましょう。最近の法律事務所はホームページも積極的に活用していますので、すぐに何件かヒットすると思います。

また、インターネットが使えない人は電話帳を開きましょう。「べ　弁護士」の項目のところに、これまたたくさん広告があります。「これは」と思った所に電話して相談してみるといいでしょう。

また、法律事務所以外でも法律相談は可能です。

まず多くの自治体で、定期的に無料法律相談をしています。自治体の窓口で聞いてみましょう。相談できる日時が決まっているところが多いようです。また、自治体の広報誌にもそういった弁護士の無料相談の案内がありますので、見てみてください。

さらに、一定の収入以下の人のみが対象となりますが、「法テラス（日本司法支援センター）」という団体においても無料相談を受けることができます。こちらは、かなり人気が高く、なかなかすぐに相談できない場合も多いようですが、確認してみる価値はあるでしょう。

30分間の相談だけで問題が解決することもしょっちゅうあります。法律の世界は、「知っているか、知っていないか」で大きく結果が変わってしまう世界です。ですから積極的に法律相談を利用してみてください。

弁護士の私がオススメするポイントは、複数の弁護士に相談に行くということです。弁護士にも、専門分野や得意分野、そして苦手な分野があります。お医者さんと違って、弁護士には明確に「○○科」などと得意分野を宣伝する文化がありません。そのため、弁護士によっては、あなたの抱える種類の問題の解決が得意でない場合もあるのです。一度相談してみて、頼りにならなそうだったら、諦めずに他の弁護士に相談してみましょう。

なお、弁護士の相談は通常30分間で5千円が相場です。無料で相談することももちろん良いのですが、信頼できる弁護士を知っている場合には問題の早期解決のためにも、最初から相談料を支払ったうえでしっかりとした相談を受けたほうが結局は無駄がないという場合もあります。

4 クーリングオフ制度を利用する

クーリングオフ制度というものを知っていますか？

これは、消費者が訪問販売などの不意打ち的な取引で契約したり、マルチ商法などの複雑でリスクが高い取引で契約したりした場合に、一定期間であれば無条件で、一方的に契約を解除できる制度です。契約というのは普通、契約後に正当な理由がなければ解約できません。一度契約をしたのであれば、「やっぱり商品が高すぎる気がするから解約する」とは言えないのです（ちなみに、デパート等で洋服や靴などを購入してもレシートを持っていけば交換できるではないか、と思われるかもしれませんが、あれはお店がサービスとして行っているにすぎません）。

たとえば、訪問販売で高額な布団を買ってしまったケース。一度契約した以上、原則として解約はできず、ローンを支払い続けなければいけません。しかし、クーリングオフ制度を使えば契約を解除し、布団を返却するのと引き換えにお金を返してもらえます。

注意が必要な点は、クーリングオフには期間制限があるということです。販売手法にもよりますが、短くて8日以内にクーリングオフによる解除をしなくてはなりません。訪問販売、電話勧誘販売、訪問購入（業者が消費者の自宅などを訪ねて、商品の買い取りを行うもの）については、申込書と契約書のいずれか早い方を受け取ってから8日以内に契約解除通知をする必要があります。エステなどの特定継続的役務提供、マルチ商法と呼ばれる連鎖販売取引、内職商法などの業務提供誘引販売取引の場合は20日間以内になります。

クーリングオフの解除通知は、必ず書面で行うようにしましょう。そして後々水掛け論とならないために、必ず郵便局で「特定記録」とするか、「内容証明郵便」などの方法で送信します。解除通知を行ったという証拠をしっかりと残しておくためです。

「契約をしてからもう1ヵ月も経っている！ 期間を過ぎているからクーリングオフは使えない」と思っても、使える場合があるので諦めてはいけません。

それは、業者が法律上必要な書面を消費者に交付していない場合です。業者は法律で「クーリングオフに関する説明」などが記載された書面を消費者に渡さなければいけません。しかし、業者は、業者にとって不利になるクーリングオフの存在を相手にわからせないために、クーリングオフに関する説明が書かれた書面を消費者に渡さないことがあるのです。その場合、クーリングオフに関する書面を渡してから、初めて8日間の期限がカウントされますので、契約をしてから1ヵ月経過していても解除するのが可能となるのです。参考までに次に解約通知書のサンプルを記載します。

実際に解除通知を行う場合には、いろいろな条件がありますので、専門家へ相談することをオススメします。

解除通知書

私は、貴社との間で締結した左記契約を解除いたしますので、その旨通知致します。私が支払った商品代金は、速やかに私の銀行口座（○○銀行○○支店普通1234567）に入金する方法によりお支払いください。なお、商品につきましても、直ちに返却致しますのでお引き取りください。

記

契約日　平成○年○月○日
商品名　○○
商品代金　○○○○円

平成○年○月○日

○○県○○市○○区○○
氏名　○○ ○○

以上

5 ダマされた人のかけこみ寺！ 消費生活センターを利用しよう！

ダマされてしまったときの相談先で、ぜひ知っておいていただきたいところがあります。それは「消費生活センター」です。

「消費生活センター」というのは、「消費者センター」などとも呼ばれていて、一般個人消費者の保護を目的とした、都道府県・市町村の行政機関で、業者とのトラブルについて相談にのってくれる場所です。相談料などは無料です。

消費生活センターは各地にあるため、調べて自宅の近くの消費生活センターを探しましょう。電話や面談での相談に応じてくれます。

消費生活センターがすぐれているのは、消費者と事業者とのさまざまなトラブルに数多く対応しているため、たくさんの「一般人がダマされる事例」が集まっているという点です。さまざまなケースについての対応経験があるため、消費者トラブルに不慣れな弁護士よりも適切に対応できる場合もあります。

また、独立行政法人国民生活センターという組織も存在します。消費生活センターと連携し、消費生活センターが昼休み中の時間帯などに電話相談を行っています。

さらに国民生活センターでは、単なる相談だけではなく、紛争解決委員会によるADR（裁判外紛争解決手続）が利用できます。

これは、消費者と事業者の間に、専門性をもった紛争解決委員会が間に入り、双方から事情を聞いたうえで和解ができるように話を進めてくれる制度です。ダマされたからといって裁判を起こそうとすると時間やお金がかかってしまいます。被害の金額が大きい場合には、裁判をする必要がある場合もありますが、被害が少額の場合には現実的ではありません。

そんなとき無料でしかも、比較的短時間で問題解決を図れるのはありがたいことです。

またこの制度を使えば相手の業者に法律上の落ち度がない場合でも、責任を認めさせることも可能になります。

当初私の事務所に相談にきたA沢さんは、40代の女性。相談内容は、結婚相手紹介サービス会社とのトラブルでした。

登録時には、「毎月10名以上の方をご紹介します」と言われていたにも関わらず、実際には月に数名しか紹介がなく、しかもA沢さんが希望する条件からは程遠い条件の男性ばかりであったそうです。そのためA沢さんは、初期登録費用の20万円を取り戻したいと相談にきたのです。

契約書などをつぶさに確認したり、契約時の説明状況などを詳しく聞き取りをしましたが、契約上一定数以上の男性を紹介すると決められているわけではなく、また会社がそのようなことを言ったという証拠もありません。また、20万円という被害金額では、弁護士として依頼を受けて交渉をしても、残念ながら費用倒れになってしまいます。

そこでA沢さんには、消費生活センターで相談できること、国民生活センターで紛争解決手続きが利用できること、それらが無料であることを教えました。

そうしたところ、しばらくしてA沢さんから連絡があり、「紛争解決手続により無事に解決できた」との報告がありました。紛争解決委員の一人が粘り強く会社を説得し、半額の10万円を解決することに合意したそうです。

法律上では責任追及が難しかったと思いますが、このように紛争解決手続を利用すれば、上手い解決ができる場合もあるのです。

ダマされてしまったと思ったら、諦めずに消費生活センター、国民生活センターを利用してみることも有効な手段の一つです。

6 とにかくすぐに「取り消し・撤回」することを伝えよう

ダマされてしまった！ と気がついたときに、すぐに行動してほしいことがあります。それは、「取り消しと撤回」です。

たとえば、高額な商品を「買う」と言ってしまった場合、ダマされたことに気がついた時点で、とにかく1秒でも早く取り消しと撤回の意思を相手に伝えてください。

なぜ、そのように少しでも早く撤回の意思表示をしなければならないのでしょうか？ それは、ダマされたにも関わらず、何も言わないでいると「黙示《もくじ》の意思表示」がされたことになってしまい、不利な立場になるからです。

「黙示の意思表示」という言葉は、普段使わない難しい言葉のように聞こえますが、わかりやすく言うと、「黙っていること自体が、その人の意思を表明したことにされてしまうということ」です。

たとえば、八百屋さんで店主があなたに長ネギを渡してこう言ったとします。「いつもご贔屓《ひいき》にしていただきありがとうございます。毎日長ネギを買っていただいているので今日もお買い上げですね。代金は月末で結構です」。これに対し、あなたは何も言わず長ネギを持ち帰り、味噌汁に入れて食べました。その後月末になり、八百屋の主人が長ネギの代金をあなたに請求してきたとき、あなたは「長ネギを買う、とは一言も言っていないのだから代金は払いません!!」と法的に言えないのです。

確かにあなたは、「長ネギを買う」という積極的な明示の意思表示はしていません。しかし、黙って持ち帰って料理して食べるという、言葉にしない行動によって「長ネギを買う」という意思を示していることになるのです。

これと同じように、ダマされたにも関わらず「取り消し・撤回」を行わないでいると、法律的にはあなたは相手の行動に納得していると評価されてしまうのです。

すぐに撤回の意思表示をして会社をやめなくて済んだのは、B木さんです。B木さんは40代の男性で、会社を辞めさせられてしまったが、退職したくないのでなんとかならないかと当事務所に相談にきました。

よくよく聞くと、営業マンのB木さんは、ささいなことから取引先を怒らせてしまい、上司から「辞職をしなければ、解雇する」と責められたそうです。そのため、B木さんは、「解雇されるくらいなら、辞職しよう」と思いつめ、自ら退職届を提出してしまいました。

しかし、ミスの内容を詳しく聞くと、B木さんには会社が解雇できるほどの落ち度はなく、「辞職しなければ解雇する」という上司の発言も法律的に正しくないことがわかりました。ある意味B木さんは上司から「辞職しなければ解雇される」とダマされていたことになります。

そこで私は、「今すぐ会社の人事担当者に連絡して、退職届を撤回するよう伝えなさい」とアドバイスしました。というのも、法律上では「退職届を提出した場合であっても、会社側が承諾するまでは撤回できる」ことになっているからです。

B木さんはすぐに会社担当者に退職届の撤回を申し入れました。会社側の承諾は、通常人事部長や社長が決裁することで成立しますので、社内の動きが早ければ数日で承諾が成立してしまうこともあります。しかしながら、B木さんはすぐに私に相談をし、行動したので、承諾は成立しておらず会社を退職しないで済みました。

まさにこの例では、1秒でも早い「取り消し・撤回」がダマされてしまった後の対応策として適切であったのです。

ダマされてしまったと気づいたら、すぐに「取り消し・撤回」をしましょう。それが有効かどうかは考える必要はありません。考えている時間がもったいないのです。有効かどうかは後から考えればいいのですから、1秒でも早く行動しましょう。

7 誰でもすぐに使える内容証明郵便の使い方

前項で説明したとおり、ダマされた！ と気がついたらすぐに「取り消し・撤回」を相手に「確実」に伝えることが重要になります。

なにをもって「確実」と言えるかというと、「相手があなたからの取り消し・撤回の意思表示を確実に受け取ったという証拠を残すこと」です。

たとえダマした相手に対して直接顔を合わせて「取り消します」と言ったとしても、後々相手が「そんなことは聞いていません」と言い出したら、それこそ「言った」「言わない」の水掛け論になってしまいます。

そんなことにならないように証拠を残す必要があるのです。

口頭の場合は、そのやりとりをＩＣレコーダーなどで録音します。その際、録音していることを相手に知らせる必要はとくにありません。電話の場合も同様です。

また、ＦＡＸやメールなどで伝えるという方法もありますが、口頭で伝えるよりはやり取りの痕跡が残りやすい分マシではあるものの、相手が「受け取っていない」と言い張った場合、証明するのが難しいのです（重大な刑事事件などではメールの通信記録を調べたり、相手方のパソコンを押収したりすることがありますが、通常の民事事件でそのようなことは行われません）。相手から、ＦＡＸやメールに対して回答があった場合は受け取ったと認めたことになります。

「撤回する」旨を紙に書いて渡すのも良いですが、受け取っていないと言われる可能性もあります。受け取りましたという受領印などをもらえればいいですが、トラブルになっている相手から受領印をもらうのは難しいこともあるでしょう。

そんなときに有効なのが、配達証明付きの内容証明郵便を利用する方法です。

これは、手紙を郵送する方法の一つなのですが、まず配達証明という郵便局のサービスを利用することで、相手に確実に配達しました、ということを証明することができます。郵便局が「たしかに配達しました」ということを証明してくれるので、受け取り手は「受け取っていない！」と否定できなくなります。

しかし配達証明があったとしても、相手が「そんな内容の手紙は受け取っていない」と言い逃れをする可能性もあり得ます。というのも「配達証明」というのは、手紙を配達したことまでは証明してくれるものの、どんな内容の手紙を配達したのかということまでは証明してくれるものではないからです。

この問題を解消するのが内容証明郵便という同じく郵便局のサービスです。

このサービスでは、郵便局が「この内容の手紙を送った」ということを記録に残しておいてくれるのです。ですから「取り消しや撤回を伝える手紙を送った」という証拠になります。これを使えば相手は言い逃れをすることができません。

内容証明郵便は書き方が決められています。文字数は、縦書きの場合、「1行20字以内、1枚26行以内」となっており、横書きの場合、「1行20字以内、1枚26行以内」、「1行13字以内、1枚40行以内」、「1行26字以内、1枚20行以内」となっています。相手に送る文書の他にコピーを2部（差出人と郵便局用）用意し、また、訂正方法などにも決まりがあります。

詳しくは郵便局のホームページに案内がありますし、郵便局に行けば教えてもらえるでしょう。

なお、最近では「e内容証明」というインターネット上で内容証明を作成・発送できるサービスもあります。

内容証明郵便は、誰でも簡単に使える方法で、かつダマされた場合の対処法としてとても有効です。前項のB木さんも自分で内容証明を郵送して問題が解決しました。ぜひ内容証明郵便を有効活用してください。

8 ダマされても諦めない!!

ダマされたことに気づいても、取り消しや撤回の意思表示をせず、また被害回復を相手に要求することもなく、早々に諦めてしまう人が意外にもたくさんいるものです。ダマされたにも関わらず、相手と戦おうとせず諦めてしまう人が多いのは、被害回復のための戦いが、とても労力を要するからでしょう。

ダマした相手に「お金を返せ」と言っても、すんなりお金を返してくれるということはまず考えられません。自分の責任を否定する相手に粘り強く何度も電話をかけたりしての交渉や、ときには平日の昼間から裁判所や第三者機関に出向いての被害回復の要求など、膨大な手間やコストがかかります。

そのような多大な労力をかけねばならないことを考えると、たいていの人は、「しょせんお金のことだから諦めるか」とか、「自分が我慢すればいい」などと考えて相手への責任追求を諦めてしまうのです。

しかし、そのようにダマした相手への責任追及を諦めてしまうことは、ダマした相手をますますのさばらせてしまう原因になります。人をダマそうとする人間に対して、きちんと責任を取らせなければ、また他の人に対して同じようなダマし行為をすることになるかも知れません。

あなたの大切な子どもや配偶者、両親や兄弟姉妹が、あなたと同じようにダマされることになったらどうでしょうか?

人は、自分より「他人のため」という気持ちをもったときに、大きなエネルギーをもって行動することができるようになります。ダマされた相手と粘り強く交渉することは自分のためではなく、まだ見ぬ被害者のためだと考えてください。

相談者C田さん(60代男性)もそのような思いで、ダマした相手と諦めずに交渉し、被害の回復を受けられた一人です。C田さんが相談に来たのは当初はまったく別の案件でした。その案件が一段落し、一件落着したところ「実は、昔のことなんだけど…」と言って、過去にダマされてしまった案件について話しだしました。

C田さんは、10年ほど前、会社を退職してから自分で事業をしようと考え、個人で小口荷物の配達業を始めることにしました。Dという会社の広告で、初期費用で200万円程度の費用を負担してD社指定の配達用車両と必要備品を購入すれば、継続的にD社から配達荷物の仕事を請け負うことができ、月に50万円以上稼ぐことができる、というものを見て、その広告を信じ、D社と契約しました。

しかし、ローンを組んでお金を支払ったのに、配達の仕事はいっこうに回ってこず、まったく稼げません。「話が違う」と言っても、ごまかされてしまい、C田さんはローンの支払いだけを続けていたそうです。

後からわかったのですが、購入させられた配達用車両の価格は性能にまったく見合ったものではなく、D社から高く購入させられていたということでした。

C田さんの相談を受けて私が代理人となり、D社と交渉をしました。さすがに契約をしてから10年も経過しており、取り返すのは難しいのではないかと思っていましたが粘り強く交渉を行いました。D社の契約時の説明が実際の契約内容と異なること、損害賠償の裁判を起こすつもりであることなどを説明すると、最終的にD社が残ったローン分のお金を支払うことを認めました。C田さんは当初諦めていましたが、「他の人のためになるなら」と問題解決のために尽力し、良い結果になりました。

このように諦めず交渉していけば結果が出ることもあります。自分のためだけではなく、他人が同じ被害に合わないために、と考えて粘り強く交渉をしてみましょう。

ただし、こうした過去の事件について「お金を取り戻せる」などと声をかけ、さらにお金をダマし取る事件も起きています。そういった誘いもあるので気をつけてください。

9 警察へ相談する

ダマそうとしている相手への反撃手段として、「警察を呼ぶ」ことを紹介しましたが、ダマされてしまった後でも、警察へ相談に行くという行動は効果的です。

なぜなら、相手のダマす行為が刑法でいう「詐欺罪」に該当するような場合には、警察が捜査をしてくれる可能性があるからです。警察が動けば、所在不明となっていた相手も警察が探し出して逮捕してくれます。

しかし、警察が動いてくれたとしても被害が回復できるかというと必ずしもそうではありません。多くの人が誤解していることでもあるのですが、警察はあくまでもダマした犯人を逮捕して裁判を受けさせ、罰金や懲役といった刑罰を与えるための機関であって、被害にあったお金をとり返してくれるわけではないからです。

ニュースを見ていると大きな詐欺事件の首謀者が裁判で刑罰を受けていることがありますが、そうだからといって被害者たちに被害額に相当するお金が戻っているわけではありません。実際そういった事件では、大半の首謀者はお金を使い果たしており、返ってくるお金はほとんどないのが通常なのです。

ただし、犯人が逮捕されて裁判を受けることになると、弁護士が弁護人として付くことになります。多くの場合、弁護人は犯人の刑を軽くするための手段として、被害弁償をすることになります。つまり、被害者に対して一定の金銭の支払いを申し出ることがありますので、そのときが被害回復のチャンスです。

たいていは被害にあった金額より、はるかに少ない金額しか返ってこないのですが、それでも受け取らないよりはマシでしょう。


ダマされてしまった後に警察へ相談することは、被害を回復するための完璧な手段ではないかもしれません。しかし、次のようなメリットもあります。

まず一度警察に相談して事案の概要を伝えておくことで、そのときはダマした相手に対し何もできなくても、次にまた被害にあいそうなときに、すぐに警察が対応してくれるようになります。一度事案を把握しておくことで警察も格段に動きやすくなるのです。

また、相談内容が警察内部で共有され、同じような詐欺事件を警察が警戒してくれるようになります。次に同じような事件が起こるのを防げるかもしれません。

詐欺に当たらないようなグレーな商行為、私人どうしの取引などでは、警察は基本的に民事不介入ではありますが、トラブルが事件に発展してしまうのを防ぐために、相手方に連絡をとって事情を聞いたりしてくれることもあります。意外にもそれであっさりと被害の回復がされる場合もあります。

そしてなによりも大きな利点は、警察へ連絡することがダマした相手に対する強いプレッシャーになるということです。

私自身よくやる方法ですが、ダマされた相手と交渉する際に、事前に被害を受けた本人に警察へ相談をさせた上で、相手への手紙の中に「本件は警察にも相談している状況であります」と書いて、被害回復をさせるように仕向けるのです。人をダマす人間は、自分が問題行為をしていることがわかっていますから、相手が警察に相談しているという事実に危機感を感じるものです。

「どうせ動いてくれないから」と考えるのではなく、ダマされた後でも警察への相談は積極的に行いましょう。

盾その6

ダマされないための予防方法

本章では、ダマされないための事前の予防方法を伝授します。これまでダマされそうになったときの反撃方法なども述べてきました。当たり前のことですがダマされる機会にあわないことが、ダマされないための一番の方法です。

明日からでもすぐに実行できるダマされないための予防法を紹介します。

1 固定電話をなくしてしまう

訪問販売や、投資詐欺など、人をダマす詐欺の手法はいろいろとありますが、その多くが、家庭にある「固定電話」をきっかけにしていることをご存知でしょうか。

とくに高齢者をターゲットにした詐欺では、ほとんどの場合、自宅の固定電話にかかってきた電話を受けてしまったことから、ダマされる結果に至っています。振り込め詐欺などの詐欺は、固定電話の電話口で高齢者をダマすことが典型的な犯行手口となっています。

ですから、固定電話をほとんど使っていなかったり、勧誘の電話ばかりかかってくるのでしたら、思い切って固定電話をなくしてしまってはどうでしょうか。

また、固定電話に関しては、昔からタウンページなどの電話帳に個人名で番号を公開している人が多くいます。これは、ダマそうとする立場の人間からすれば、このような個人宅の電話番号という情報が満載の電話帳はまさに宝の山です。固定電話を所持し、電話番号を電話帳に掲載している人は、詐欺師に目をつけられやすいのです。

また、一度ダマされた人の電話番号は、ダマされやすい人として闇で売買されていると言われています。携帯電話に対して、比較的電話番号を変更することの少ない固定電話は、「ダマされ予備軍」の長持ちする情報として扱われ、ダマそうとする人間からすればとても質の良い「顧客リスト」になってしまうのです。

そう言えば、うちの固定電話にはセールスや勧誘の電話が頻繁にかかってくる…と思われた方、もしかしたらすでに電話番号が出回り、狙われているかもしれませんので一層の注意が必要です。

一度、固定電話の電話番号を変えてみてはいかがでしょうか？　そして、改めて、家族や、親しい知人など、本当に連絡をとり合いたい相手にだけ電話番号を教えるのです。そして、以後は電話番号を知らせるのは必要最小限に留め、お店や企業に電話番号を知らせるときは、そこが個人情報の扱いをどのようにしているか確かめるようにしましょう。

企業にはプライバシーマーク制度というものがあり、個人情報の扱いを厳正なルールに則って扱わなければプライバシーマークが取得できないのです。ですからプライバシーマークを取得している企業は、顧客から必要があって電話番号を教えてもらうときには、その情報を取得する目的を告げなければなりませんし、その目的以外のことに使えません。

プライバシーマークを取得している企業であれば、電話番号を知らせてもそれが流出させられるリスクは少ないでしょう。

またこの際、思い切って固定電話から携帯電話に変更するのはいかがでしょうか。以前と比較すると、携帯電話の通信料金は、かなり低額になっていますし、電波の状況も一昔前に比べれば遥かに良くなっています。

高齢者向けの操作が簡単な機種もありますので、ご自身だけではなく、離れて暮らす高齢の親族などのために検討してみてください。

また固定電話を今のままにするとしても、原則的に留守番電話での対応にします。NTTのナンバーディスプレイなど、かけてきた相手の電話番号を表示させるサービスを利用して、知らない電話番号からの電話には出ないようにするという方法もあります。その場合、非通知でかけてきた相手からの電話は着信しないようにもできます(電話機の変更が必要な場合があります)。

この他、後述する自動録音装置を設置するなどの方法も有効です。

2 ダマそうとする相手と接触しない

次に紹介するダマされないための有効な予防策は、「相手と接触しない」ということです。これを徹底できれば、ダマされることが遥かに少なくなるでしょう。

人をダマそうとする人間は、どうすれば相手をダマすことができるか、自分の思うようにコントロールすることができるか、を一生懸命考えています。彼らの多くはある意味頭が良く、人をダマすためには努力を惜しみません(その努力を良い方向に使ってほしいものですが…)。

そのため、多くの人は、ダマそうとする人に太刀打ちすることができません。彼らはダマすそぶりも見せませんし、こちらもまさかダマされるとは思っていません。しかし、彼らと直接会い、話を聞いたりした段階で、すでに半分ダマされてしまっているようなものなのです。

とは言え、そんな彼らでも、接触できない人をダマすことはできません。当たり前のことですが、そこに気づくことが重要です。ダマされないように身構えたり、反撃する方法を考えたりするより、そもそも接触しないことが一番なのです。

あなたは「今日はなにも買わない」と決めていたにも関わらず、ショップの店員さんと会話が弾んでしまい商品を買ってしまったということがありませんか？　接触することだけで、相手の強い影響があなたの心と行動を変えてしまうのです。「今日はなにも買わない」と決めて自宅にいれば、商品を買ってしまうことはないでしょう。

ですから、相手の思うとおりに言いくるめられそう…と感じたら、一切相手との接触を断ってしまいましょう。携帯電話の番号を教えていたら、相手の番号を着信拒否にします。「掛かってきてもとらないようにする」では不十分です。人は電話が掛かってきたら、どうしても気になってしまいます。

メールアドレスを教えていたら迷惑メールに設定し、自動で振り分け、すぐに完全に削除してしまいましょう。可能なら電話番号やメールアドレスを変えてしまってもいいくらいです。

相手が「会いたい」といってきても絶対に会ってはいけません。なにか必要な用がある場合でも、家族や友人などに代わりに行ってもらうようにしましょう。

私が代理人となったE美さん（20代女性）も、相手と接触し続けることで心をコントロールされ続けていた一人でした。

E美さんは結婚して子どもが一人いますが、夫が浮気と暴力の常習犯でした。浮気が発覚したり、暴力行為をするたびにE美さんが離婚の話を切り出しますが、夫は「次は絶対にしないから」などと懇願して、E美さんによりを戻させるのです。その際E美さんの夫は、号泣しながら謝罪し、土下座までするのです。ときには、自ら反省文や謝罪文、「二度と浮気や暴力をしない」という誓約書という小道具までも使うのです。

そうまでされるとE美さんは、「もう一度だけ信じるか…」と復縁してしまうのです。しかし、しばらくすると同じことがくり返されます。結果だけ見ると、夫の謝罪はウソなのですが、E美さんはそうと気づいても離婚できませんでした。

E美さんが夫と離婚できなかったのは、夫と接触して謝罪の言葉を聞いてしまうからに他なりません。

そこで私はE美さんの代理人となった上で、その夫に「E美さんに一切接触をしないこと、交渉はすべて代理人弁護士の私と行うこと」を通知しました。夫は私に対しても「妻に謝罪の言葉を伝えて欲しい」と泣きついてきましたが、私には通用しません。結果的にE美さんは無事に離婚することができました。

このように、「接触しないこと」は予防策として非常に簡単であるにも関わらずとても効果的です。ぜひ実践してみてください。

3 もし相手の言っていることが現実になったら？ 紙に書く

ダマされないための予防策として「不安なことを紙に書く」という方法が効果的です。これは、ダマそうとする相手から恐怖を感じさせるようなことを言われたときにとくに有効です。

たとえば、前にもご紹介した無料シロアリ診断詐欺を例に説明します。詐欺業者が自宅にきて、「シロアリ調査」を無料でやっているので調べてみませんか？ と持ちかけてきて法外な駆除費用や工事費をダマし取ろうとするものです。

「無料だから」と調査を頼むと、業者は必ず「シロアリがたくさんいて、あなたの家の基礎部分を食い破っています。このままでは危ないので、すぐに駆除をした方がいいでしょう」と言ってきます。

業者は、シロアリが基礎の木材を食い散らかしている写真を持参して、家主にそれを見せ「こんなふうに大変なことになっています」と脅かすのです。もちろんその写真は、その家のものではありません。

そう言われると、家主は家が壊れたらどうしよう!?と不安になり、言われるままに業者と高額なシロアリ駆除契約を結んでしまい、お金をダマし取られてしまいます。

このとき、ダマされないようにするためのステップ1として、自分が今なにに不安を感じているかを書き出します。この場合なら「家が崩壊してしまうかもしれない」「駆除費用が高額かもしれない」「近隣に被害を及ぼしてしまうかもしれない」「住む場所を失うかもしれない」ということを、なんでもいいから紙に書き出してみるのです。

そして、ステップ2としてそれぞれの不安に対する対応方法を考えます。

「家が崩壊するかもしれない」には、「いざとなれば子どもの家に住まわしてもらう」「地方に安い不動産を買って住む」などが考えつくかもしれません。

「駆除費用が高額かもしれない」には、「何社か見積もりをとってみる」「補助金などがないか考えてみる」という対応策がありえます。

どんな対応策でも良いですから、対応策を考えることが重要です。そうすると、「いざというときにはどうにかなる」という心の余裕が生まれます。既に述べましたが、人は「焦り」があるときにダマされます。目の前の選択肢しかないと、視野が狭くなり、ダマそうとする相手の言いなりになってしまうのです。

対応策を考えつくことで、その「焦り」から開放され、ダマそうとする相手にコントロールされずに、自分で考え結論を出すことができるようになるのです。

ここでのポイントは、必ず「不安を感じていること」と「その対応策」を分けるということです。多くの人はこの二つを一緒に考えてしまうことで、結局パニックになり失敗します。

人は紙に書き出さなければ、同じことをくり返し考え続けてしまうという傾向があります。紙に書き出して思考を固定化する必要があるのです。

私が相談を受けるときも相談者がパニックになっているときは、まずこの作業を行うようにしています。

まず相談者から「不安に思っていること」を聞き出します。そして、それを一つずつ手元の紙に書き出していくのです。

その上で相談者と一緒に解決策を考えていきます。そしてそれも一つずつ紙にメモしていくのです。これをするだけで、多くの相談者は冷静さを取り戻すことができます。

4 決定権を家族や友人に委ねる

次に紹介する予防策は、お金の支出の決定権などをすべて家族や友人など、絶対にあなたに不利益なことをしない人に委《ゆだ》ねるという方法です。

たとえば、あなたが妻という立場にあったら「1万円以上のお金を出すときには必ず夫が了解してからにする」などのルールを決めておくのです。

こうすることで、ダマされてお金を奪われる可能性は低くなります。いわば自分で決めることを放棄してしまうことで、ダマされることを予防しようという方法です。

一見するとこれは「自分の頭で考える」責任を捨ててしまっているように見えるかもしれません。しかし、ここで言っているのは、最終的な決定権を自分一人だけが持たないということであって、自分で考える必要がないということではないのです。

会社での決裁にたとえて考えればわかりやすいでしょう。通常、会社としてなにかの判断をするときには、各業務の担当社員が考えたアイディアを上司が決裁し、実行するかどうかの最終的な決定は会社の判断になります。

このように決裁を受けてから、外部に意思を示すという過程を日常生活にも取り込めばいいのです。

このようにすることで、お金を出すときに必ず二人以上の人間がその内容を確認することになります。そうすることで、「本当にお金を出しても間違いはないか」ということをしっかりチェックすることができるのです。

ダマそうとする立場からすると、このように二人以上の人間が意思決定に関わることは、とても避けたい状況です。多くの目で状況を把握されることで、ダマそうとする魂胆が見破られてしまうことになるからです。

私が以前相談を受けたF江さんも、決定権を家族に委ねることでダマされることを予防しています。

F江さんは80歳代の女性です。いわゆる訪問販売詐欺にあってしまいました。着ることもない着物を、品物の価値に合わない高額で買わされてしまったのです。その件は私が代理人として解決に当たりましたが、話を聞くと、F江さんはその前にも何度か同じような訪問販売で不当に高額な商品を購入させられていたことがわかりました。

そこでF江さんとその家族と話し合い、F江さんの財産を息子さんが管理することにし、F江さん一人の判断ではお金を支出できないようにしました。これまでに何度も同じような被害にあっていたこともあって、Ｆ江さんもそうすることに賛成してくれました。

それ以後は、息子さんが定期的にＦ江さんを訪ね、そのたびに必要なお金を渡すようにしています。

そうすることで、Ｆ江さんが訪問販売などで商品を買わされることはなくなりました。Ｆ江さんが、お金の支出の決定権を息子さんに委ねることで、ダマされることを予防したのです。ついでに、親子間で定期的なコミュニケーションを持つことができ、親子仲も以前より良くなったそうです。

このように、決定権を信頼できる家族などに委ねることはダマされないための予防策としてとても効果的です。

一つ注意が必要なのは、決定を委ねる相手は「絶対に自分に不利なことをする可能性がない人」にすること。たとえ親子間であっても、そのような条件に合わない場合もあります。この判断を誤ると、かえってトラブルを招くことにもなりかねず、本末転倒です。その点だけはくれぐれも注意しましょう。

5 「自分から行動したこと」にしかお金を出さない

ダマされてしまう人の行動を分析すると、大半が他人からの働きかけによってダマされてしまっているということがわかります。

これまで見てきた、海外宝くじ詐欺、振り込め詐欺など、多くの詐欺事件では、他人からの働きかけがきっかけでお金を失ってしまっているのです。

ですから、ダマされないための予防策として「自分から行動したことにしかお金を出さない」と決めておくことがとても有効です。

どういうことかと言うと、たとえば自分のお金を運用しようとするなら「この未公開株を今のうちに買っておけば絶対に儲かりますよ」という勧誘電話がかかってきたとしても、絶対にそのような投資商品にお金を出さないと決めるのです。

自分で資産運用の本を購入して勉強したり、セミナーに出席したり、投資に詳しい人に話を聞くなどして、積極的に自分から行動を起こします。そして自分の行動によって得た知識や情報に基づいて、最終的になにに投資するかを決定し、初めてお金を出すようにするのです。

このように「自分から行動したことにしかお金を出さない」ようにすると、ダマされることを防止できます。

前にも述べましたが、人は他人に有益な情報を教えることはありません。もしあなたが、絶対に儲かる株を知っていたとしたら、それを他人に教えたりするでしょうか？　他人に教えたら、その株価に影響し儲からなくなってしまうかもしれません。普通は人に教えるようなことはしないでしょう。あなたに儲け話を持ちかけてくる人は、なぜ「確実に儲かる話」を「今回だけ特別」に「あなただけ」にするのでしょうか？

儲かる話を持ちかけてくる人の言うとおりにすることはリスクが高いのです。

自分から行動したことにしかお金を出さないと決めることで、人は取引やその手法などの情報を集め、市場の動向や過去の事例などを分析するといった行動をとるようになります。その結果、自分がお金を出そうとする行動の正しさを何度も確かめることになり、間違った選択をしないようになります。

また、仮に間違った選択をしてしまったとしても、自分の責任として引き受けることができるようになります。そうすることで、その時は失敗してしまったとしても同じような失敗をする可能性が格段に低くなるのです。

他人からの働きかけによってダマされてしまう人は、「その責任は他人にある」と考えて自分の責任を認めない人が多いものです。自分の責任を認めないと、自分の悪かったところや改善すべきところをそのままにしてしまい、同じようにダマされてしまう結果になるのです。

仮に失敗しても、自分に責任があると考えることができれば、その失敗を次に活かして自分の成長に変えることができます。

「自分から行動したことにしかお金を出さない」という姿勢を徹底して、ダマされないようにしてください。

よく価値が高い商品を安く買えたときなどに「掘り出し物」と表現することがありますが、掘り出し物を手に入れるためには「棚からぼた餅」を待っていてはダメです。そういった価値の高い物を手に入れるためには「掘り出す」という自分の行動が必要になるのです。

6 他人の行動に期待しない

次に紹介したいダマされないための予防法は、「他人の行動に期待しない」ということです。これはどのような意味なのでしょうか？

それは、「他人がこのようにしてくれるだろうな」と期待するのではなく、「他人はこちらの思ったとおりに行動してくれない」ということを前提として、自分が行動をする、ということです。

ダマされてしまう人は、「他人はこのように行動してくれるに違いない」と信じ込むことによって、ダマされてしまいます。

たとえば、一貫性の法則のところで紹介した「妻と別れて必ず結婚するから」と男性から言われ続けて、妻子ある男性との不倫関係を長年続けてしまったE子さんの例でお話しします。

E子さんは相手の男性が「必ず奥さんと離婚手続きをしてくれて、私と籍を入れてくれる」という行動を絶対にしてくれると信じ込んでいたために、相手の男性にダマされて不毛な不倫関係を続けてしまったのです。

そうではなく、「相手の男性は『離婚手続きをして私と結婚する』という行動はとらない」ということを前提に、自分から必要な行動をとるのです。

そうすれば「待つだけの不倫関係を続けるのはやめよう」と考えられたかもしれません。

また、離婚して私と結婚してくれなかったとしても、男性のことが好きだからやっぱり関係を続けよう、と思うかもしれません（不倫は相手方の配偶者に対して慰謝料支払い義務を負うことになる行為ですから勧めるわけではありません）。

いずれにせよ、相手にダマされて関係を続けるということはなくなるでしょう。

他人の行動をコントロールすることはできません。また、仮にコントロールすることができたとしても、そのためには膨大な労力を必要とします。もしあなたに子どもがいるとしたら、このことがよくわかると思います。歯磨きをさせるという簡単な行動を子どもにさせるために、怒鳴ったり歯磨きをする理由を説明したり、たくさんの大変な行動をしなければいけません。

一方で、自分をコントロールすることは簡単なことです。自分が行動すればいいだけだからです。ですから、他人の行動には期待せず、自分が行動することを考えましょう。

次のような相談例があります。相談者のG子さんは40代の女性ですが、一人息子のH太くんの扱いにとても困っていました。G子さんの家は母子家庭で、一人息子のH太くんは20歳。H太くんは、高校卒業後仕事に就かず、G子さんの家でニート生活を送っています。G子さんはH太くんがそのうちに仕事に就いてくれると期待していました。しかし、H太くんはパチンコにハマってしまい、そのためにヤミ金業者から借金をしてしまいます。もちろん収入のないH太くんは返せません。G子さんは、良くないと思いつつも何度か借金を肩代わりしていました。

そんなときH太くんは「今度こそ真面目に仕事をして人生をやり直す」と言うのですが、一向に仕事に就く気配もありません。

G子さんは、H太くんの借金がかさんだことがきっかけで私のところに相談にきました。ヤミ金業者については、私が対処し問題は解決しましたが、いつまたH太くんが同じことをするかわからない、とG子さんは不安がっていました。

そこで私は、「もうH太くんが『きちんと仕事に就く』という行動をすることに期待はしない方がいい。G子さんになにができるか考えるべきだ」と言いました。

するとG子さんは、今のままの状態でH太くんが就職するのを期待して待つことをやめ、自立させるために自分に何ができるか、を考え直しました。そして3ヵ月の猶予期間を与えたうえでH太くんと住んでいる家を引き払い、別の家を借りて一人で暮らすことにしたのです。

G子さんは、自分がH太くんと一緒に住んでいるからH太くんが自立できないと考え、引っ越しをするという自分ができる行動をとったのです。またお小遣いや借金の肩代わりなどの経済的援助も一切しないこととしました。

そうしたところ、H太くんは本気になったG子さんの行動に感化され、紆余曲折はありましたが仕事を見つけ独立するに至ったということです。

G子さんが、H太くんの「きちんとした定職について、自立する」という他人の行動に期待していたら、今後もG子さんとH太くんの関係は変わらなかったでしょう。

実の親子といえども相手の行動をコントロールすることはできません。ですから、相手の行動ではなく、自分ができる行動はなにかにフォーカスを当てるのです。

そうすることにより、初めて、自分が望む結果を得るために何をすればいいのかが見えてきます。

7 すべてを記録する

ダマされることを予防するためには、「すべてのことを記録しておく」という方法が有効です。

あなたをダマしそうな相手と接触するときは、その会話の内容、行動したこと、相手の反応、持ってきた資料などなど、あらゆることを記録に残しておくのです。

記録として残りにくいものもきちんと記録化することが重要です。相手が持ってきた書類などはモノとして記録に残しやすいですが、会話や行動といったものは後に残らず、記録しにくいので、意識して記録することが必要になるのです。「詩は飛び、書は残る」という言葉がありますが、喋った言葉というのはすぐに記録しておかないと、消えてなくなってしまうのです。

なぜ記録をしておくことがダマされることの防止策になるのでしょうか？

その理由の一つは、記録をすることにより相手の提案をじっくりと確認・検討することができ、簡単にダマされることがなくなるのです。

たとえば、訪問販売で高額な浄水器を買いそうになってしまったとき、商品の仕様が掲載されているパンフレットが手元に残っていれば、同じような性能がある製品がどのくらいの値段で売られているのかを調べることができます。また、たとえば販売員の「今回はキャンペーン中で本来○○円のところ、20%オフで□□円です」という発言を記録に残しておけば、本来の定価○○円が本当に適正なものなのかを検証することができます。

また記録しておくことのメリットは、ダマそうとする相手の提案をじっくりと確認・検討できるということだけに留まりません。記録化しておくことで、相手があなたをダマすことを諦めるようになることもあるのです。

人をダマそうという人は、通常自分が不誠実なことをしているということを認識しています。ですから自分の言動が記録に残されていることに気がつくと、後々その責任を追求されてしまうような強引な誘いや、デタラメな話はできなくなってしまうのです。そのため、言動が記録されていることに気がついた段階で、いい加減なことは言えないと思い、ダマすことを諦めることがあるのです。

わかりやすいのが自動録音通知装置の例です。「盾6　1固定電話をなくしてしまう」でも少し触れましたが、最近は、自動録音通知装置というものがあって、これを家庭の固定電話に設置すると「この通話内容は録音しております…」というような録音を知らせるメッセージが自動的に流れたうえ、電話の内容を録音してくれるのです。

消費者庁の調査によると、そういった録音を事前通知する装置の導入によって高齢者などを狙った不審な勧誘電話が以前の10分の1まで減少したそうです。

そういった不審な勧誘電話をかけてくるような人は「記録されている」と知らされると、いつものやり方が使えなくなります。人をダマそうとする人は、その言動を記録化されることが嫌いなのです。

また、そもそもそうした人は油断している無警戒の相手を狙います。録音していると言われることは「警戒している」と宣言されるようなものですから、狙う気も起きなくなります。

勧誘電話が10分の1になったくらいですから、会話の記録がダマされることを防止する有効な手段であるということもわかります。

ダマされるかも！と思ったら、すべてのことを記録するということを意識するようにしてください。

8 追う側の立場になっていないか確認する

追う側の立場にいる人は、追われる側の立場の人にダマされます。ですから、ダマされそうなときには「自分が追う側」の立場になっていないか？　を確認する必要があります。そうすることでダマされることを防止できるのです。

では「追う側」「追われる側」というのはどういうことでしょうか？

「追う側」というのは、他にとるべき選択肢がないため相手の意向に従ってしまう立場です。逆に「追われる側」というのは、相手の意向の受け入れを求められても、他に充分な選択肢があり、その意向を受け入れる必要がない状態を言います。

たとえば、あなたが男性だとして、ものすごく好きでどうしても恋人になって欲しい女性がいたとします。しかしその女性は、あなたのことなど気にかけてもいません。このときあなたは「追う側」で相手の女性は「追われる側」です。

このとき相手の女性が、あなたに「今すぐきてくれる？」と電話を入れれば、あなたは深夜だろうが、遠くだろうが女性を迎えに行くでしょう。前にも出てきましたがアッシー扱いです。

このように、「追う側」の人間は、簡単に「追われる側」の人間に使われてしまうのです。ですから、自分が「追う側」にいると気がついたときには、すぐに「追われる側」の人間になるか、「追う側」であることをやめなければいけないのです。

この例の場合あなたが「世の中の女性はこの人だけではない！」ということに気がつくことができれば、深夜に「今すぐ迎えにきて」などと言われても「冗談じゃない」と拒否することもできるでしょう。

そして「追う側」であることをやめて、「追われる側」になるための方法は、「複数の選択肢を持つこと」です。たくさんの他に取りうる選択肢に気がつくことで、目の前のダマそうとする人からの提案を拒絶することができるようになるのです。

いわゆる「任意売却詐欺」にあってしまったI田さん（40代男性）も、選択肢に気がついて「追われる側」になれていればダマされることを防止できたでしょう。

任意売却詐欺というのは、借金で自宅のローンなどが返せなくなった人が、自宅を人に売却する際、仲介に入った不動産業者が実際に売却できた価格より少ない金額でしか売却できなかったとウソの報告をして、その差額を自分のものにしてしまうという詐欺のことです。任意売却では、実際の売却額がわからないのです。

たとえば、実際には2000万円で家が売れたにも関わらず「1000万円でしか売れませんでした」とウソをついて差額1000万円を横領してしまうのです。

I田さんがダマされてしまったのは、「このピンチを乗り切るためには、この業者に依頼して任意売却をするしかない」という「追う側」の立場に居続けてしまったからに他なりません。I田さんが取りうる方法としては、民事再生を申請する（家を残しながら借金を整理する方法）、親戚に自宅を買ってもらい後から買い戻す、自己破産をするなどの選択肢があったのです。

そういった選択肢に気がつかないまま「追う側」の立場で居続けてしまったがゆえにI田さんは、「追われる側」の悪徳不動産業者にダマされてしまったのです。

自分が「追う側」にいることに気がついたら、他に取りうる選択肢がないか考えましょう。そうすることでダマされることを防止することができるのです。

盾 その7

ダマされないための法律知識

法律知識というと難しそうでおもしろくない…と苦手意識を持つ人も多いかもしれません。しかし、日本は法治国家であり、すべての人が法律には従わなければなりません。それは、あなたをダマそうとする人も同じです。法律を知っていることで、ダマそうとする人に対しても、法律どおりの行動をするように従わせることができるのです。その結果あなたはダマされることがなくなります。また仮にダマされてしまっても大きな被害を受けなくて済むでしょう。

1 借金500万円から一気に資産家に!? 知っているかどうかでこんなに違う法律の知識

法律という言葉に対してどのような印象をお持ちでしょうか？　おそらく、多くの人は、「自分とは関係ないこと」「難しくてよくわからないもの」というイメージを持っていると思います。

しかし、法律は思っているよりずっと身近です。

たとえば、あなたがコンビニで飲み物を買うときには売買契約という法律行為が成立しています。会社に出勤して仕事をするのも労働契約の義務履行という法律行為です。

このように、法律はとても身近な存在で、法律と関わらずに暮らすことはできません。そして、いつ何時法律問題があなたの身に降りかかってきてもおかしくないということを知っておいてください。とくに本書でとりあげているようなトラブルにあったとき、法律はとても重要な役割を持ちます。

そしてもう一つ大切なことは、法律は「知っているか知らないかで結論が大きく変わる」ということです。

一部に例外はありますが、あなたにとってどんなに有利な法律があったとしても、その法律が存在し、適用されるのだということを知らなければ、その法律を使って有利な結論を導くことはできません。たとえば、前述したクーリングオフという制度も、意に反して結んでしまった契約をなかったことにするために、とても有利な制度ですが、そもそもそのような制度があることを知らなければ、制度を使うことはできません。

法律を知っているか知らないかで、人生が180度変わってしまうこともあります。

当事務所の相談者であったJ本さんは、60代後半の男性。J本さんは、いわゆる多重債務者と呼ばれる人で、消費者金融などから借金が500万円近くありました。返済が苦しいので少しでも楽になる方法はないものかと考えていたところ、友人から「過払金《かばらいきん》」を確かめることで借金が減る場合があることを教えられ、私のところに相談にきたのです。

消費者金融などから何年もお金を借りてきた人たちには、過払金という貸金業者に払い過ぎたお金がある場合があります。

法律的な詳しい説明は省略しますが、こういった業者からお金を借りていた人たちは、本当は払わなくても良かった利息分の返済金を業者から取り戻すことができる場合があるのです。

そこで私が依頼を受けて調査したところ、J本さんには多額の過払金があることがわかりました。そしてその過払金を金融業者に請求して取り戻したところ、なんとJ本さんの手元に約1000万円もの現金を取り戻すことができたのです。それも借金を返済したうえでです。

私の事務所にくる前のAさんは借金500万円でしたが、それが借金ゼロになり、それどころか一気に資産1000万円を手に入れたのです。

まさに法律を知ってそれを有利に使うことでJ本さんの人生は180度良い方向に変わったのです。

ここで注目して欲しい点は、J本さんが友人から過払金のことを教えられていなければ、J本さんは今でも借金まみれの生活を続けていたであろうということです。

高い金利の借金が500万円もあれば一生返済を続けなければならなかったかも知れません。

「知識は力である」と言われますが、まさにそのとおりなのです。

2 知っておくべき法律知識は難しくない

前項で、法律の知識は、ダマされないため、また人生を有利にしていくためにとても重要なものであることは理解していただけたことと思います。

しかし、そうだとしても法律なんて難しくてわざわざ勉強することもできない、どうすれば法律知識をうまく使うことができるの？　と思う人が多いことでしょう。

ここで知っておいてほしいことは、法律を使ってダマされない人生を送るためには、難しい法律の正確な知識を持っている必要はなく、聞きかじり程度の知識があれば充分であるということです。

たとえば、前述のＪ本さんですが、彼が知っていたのは「長年借金をしていると取り戻せるお金がある」という程度のことです。法律上どのような理屈で借金の払いすぎという問題が起こるのか？　どのように計算をするのか？　どのような流れで返金を求めるのか？　という難しい問題については一切知りません。

それでも、「取り戻せるお金がある」という知識から法律事務所の門を叩き、結果として弁護士を通じ、法律を使って人生を１８０度変えることができたのです。

このように法律を使ってダマされない人生を送るためには、難しい法律知識はまったく必要とされません。

そういった難しい法律解釈や手続きなどは、すべて弁護士などの法律家にまかせればよいのです。

一般の人に必要とされるのは、専門家に助けを求める前提としての取っ掛かりになる知識です。その知識は深いものである必要はありません。むしろ、浅くても広く持っていることが必要になります。

たとえば、ブラック企業に勤めていたため、残業代を一切もらうことができなかったK田さん（20代男性）も、聞きかじり程度の法律知識を得たために、会社からダマされずに済んだ一人です。

K田さんは、飲食店の店長をしていました。お店は常に人手不足であり、K田さんは1ヵ月以上休みなく仕事をしていました。そして毎日5時間もの残業をしていたのです。

それにも関わらず、K田さんは残業代を一切もらっていませんでした。というのも、会社の経営者から「店長は管理職だから残業代は一切発生しない」と言われていたからです。

K田さんはそのような過酷な仕事環境にいながらも、「法律で管理職は残業代がでないことになっているのならしょうがない」と考え、残業代をもらうことなく仕事をしていました。

ところが、K田さんはあるときテレビニュースで、飲食店の店長が管理職にはあたらないと判断され、残業代が支払われたという報道を目にしました。

そして、それだけの情報をもとに「店長でも残業代が認められるという話を聞いたのですが…」と私の事務所へ相談にきたのです。

詳しく事情を聞いたところ、K田さんのケースでは残業代を請求できることがわかり、私が代理人となって会社から残業代を支払ってもらうことができました。

このように法律を味方にして、不正な不利益を蒙《こうむ》らない人生を送るためには、わずかな法律知識があれば十分です。新聞やニュースで見た、うわさで聞いた、本屋で立ち読みした…くらいの知識でもかまわないのです。

なにも専門学校や大学で法律を学ぶまでする必要はありません。重要なのは、普段の生活の中で、偏った情報だけに接するのではなく、さまざまな情報に触れることです。それがダマされない人生を送るために重要な習慣になります。

3 契約は一度成立しても「取り消し」「無効」が主張できる

ダマされて高額商品などを買わされてしまった!! そんなとき、多くの人が、「一度自分の名前を書いて印鑑も押してしまったのだから契約をなかったことにすることはできない」と考えてしまいます。

そのため、ダマされたことが明らかであっても「どうすることもできない」と考えて結局泣き寝入りしてしまうのです。それはあまりにももったいなく、またダマそうとする者の思う壺です。

契約に関する最低限の法律知識として、契約は一度成立しても後で取り消したり、無効を主張することによって、なかったことにすることができる、ということを知っておいてください。

ただし、契約を取り消すためには、契約を取り消すための理由が必要になります。その理由として多く使われるのが、詐欺による取り消し（民法96条）です。

これまで紹介してきた多くの事例に当てはまるとおり、不法行為、たとえば人からダマされて契約をしてお金を払ってしまったような場合は、契約を取り消して払ったお金を返すように求めることができるのです。

ただし、「それならばどんなにダマされたって、取り消せばすべて問題は解決するではないか」と思うのは間違いです。実際にはダマされた契約を取り消しても、ダマした人間が所在不明になってしまったり、ダマした相手がお金を使ってしまっていたら、お金を取り戻すことはできません。

ダマされた被害者がかわいそうだからお金を返してあげましょう、などと言ってくれる人はいないのです。ですから、初めからダマされないほうがいいのは言うまでもありません。

もう一つ、詐欺による取り消しで注意が必要な点は、「第三者が詐欺をした場合は、契約の相手が第三者が詐欺をしたことを知っている場合に限って取り消しができる」ということです。

わかりやすく具体例を出すと、28ページで紹介した婚活を装って投資用不動産を買わせる詐欺の件があります。

この詐欺事件では、被害者の女性をダマすのは、男性であり、その男性が女性に対して「この物件は絶対に儲かる」「結婚後の資産としてこのマンションは買っておいて損はない」などと口説いてマンションを購入させます。

マンションの購入契約は、あくまでも被害者となった女性と不動産会社の間で契約が結ばれます。

契約だけで言うと、マンションの売買契約の当事者は女性と不動産会社だけであり、ダマすような発言をした男性は第三者ということになるのです。

このとき、契約の相手、すなわち不動産会社が、「男性が女性をダマしたこと」ということを知っていなければ、女性は契約を取り消すことができないとされているのです。

このような詐欺の事例の場合、女性が売買契約を取り消すと不動産会社に言っても不動産会社は「男性がダマしたなんてことは知らない」と言い張るのが通常です。実際には不動産会社と男性は手を組んでいる場合がほとんどでしょうが、それを証明することができない限り、取り消しを主張することができないのです。

またダマされた場合、錯誤《さくご》を理由として契約が「無効」だと主張することも可能です（民法95条）。

錯誤というのは、わかりやすく言えば「勘違いをしていた」という状態です。たとえば、「この土地は絶対に価値が上がりますよ！」と言われて土地を買ったにも関わらず、上がることがなかった場合です。契約をした人は「土地の価値が絶対に上がる」という勘違いをしていたことになります。そのため契約を無効にできる場合があるのです。

ただし、錯誤による無効も法律で定められた条件を満たしている必要がありますので、簡単に認められるものではないことに注意が必要です。その条件というのは二つあり、①契約などの重要な点に勘違いがあること、②錯誤を主張する者に重過失がないこと、が必要になります。

ですから、たとえば不動産売買で契約書の記載に些細《ささい》な誤記があったにすぎないような場合は、契約の重要な点に勘違いがあったとは言えませんので、錯誤による無効は主張できません。また、少し調べればわかるようなことについて勘違いがあった場合には、被害者に重過失（落ち度）があるとして錯誤による無効を主張することができないケースもあります。

4 子どもでも契約はできる？ 未成年者の契約で知っておいてほしいこと

未成年者はダマされやすいターゲットの典型と言えます。

一般的に成年者に比べて人生経験が少ないため、ワル知恵の働く詐欺師などにダマされてしまいやすいのです。

私が相談を受ける案件にも未成年者がダマされてしまったという例は少なくありません。

このようなダマされやすい未成年者に対して、法律はこれを保護するため、特別な取り決めをしています。それは、未成年者取り消し（民法5条2項）という制度です。

民法では、未成年者が法律行為をするには法定代理人の同意が必要であると規定しています。法定代理人というのは、一般的にいえば両親のことです。

したがって、未成年者が親の同意を得ないで行った契約は、あとから取り消すことができるということになるのです。

私がよく受ける相談は、大学生活のために親元を離れた子どもが一人暮らしを始めた際に、詐欺の被害にあってしまったというものです。

ローンを組まされて高額な英語教材を一括購入してしまった、断りきれずに資格スクールの受講チケットを買わされてしまったなど、一人暮らしをはじめた未成年者は詐欺師たちからすると、簡単にダマすことができるカモです。

このように未成年者が未熟な判断で契約してしまった場合、あとから取り消しをすれば契約をなかったものにすることができるのです。

そのため、未成年者との契約書には、法定代理人記載欄を設け、親の署名と押印が必要となっている場合があります。そのような契約書に署名と押印がされていると、法定代理人の同意があったということになりますので、あとから未成年者であることを理由に契約の取り消しをすることはできません。万が一そのような契約書に署名、押印することを求められたら、応じてしまうとあとからダマされた！と主張しても取り返しがつきませんので、充分に気をつけるようにしてください。

また、仮に未成年者が親の同意なく契約をしたとしても、未成年者が親の同意があるように見せかけたり、自分が未成年者ではないように装っていた場合には取り消すことはできません。

たとえば、子どもが親の署名を偽造して契約書を作成した場合や、相手からの年齢確認に対して自分の年齢を偽って成年者であるかのように申告したような場合は、取り消しが認められない可能性もあります。

法律では、そのようなことをする未成年者を法律で守る必要はないと考えているのです。

また、未成年者であったとしても、すでに結婚している場合には、成年者と同じように扱われ、取り消しはできないということにも注意が必要です。結婚した未成年者は、民法上きちんと責任を果たすことができる大人であるとみなされますから、未成年者であることを理由に契約を取り消すことはできないのです。

未成年者がダマされてしまった場合には、まず「未成年者取り消し」ができないかを検討してみましょう。

そのうえで、取り消しができないとなった場合には、他の手段はないかを考えましょう。たとえば具体例であげた高額な英語教材の一括購入をしてしまったなどの場合、条件によっては消費者契約法という法律でクーリングオフによって契約解除が可能な場合もあります。

なお、未成年者による契約で最近多い相談事例は、インターネットのオンラインゲームなどで子どもが親のクレジットカードを無断で利用し、多額の料金請求を受ける場合です。子どもが保護者の同意を得ずに行っている契約ですから、未成年者取り消しが適用できないか？　という相談です。

こういったケースですが、多くのオンラインゲームでは、未成年者ではないことの確認が最初に行われ、そこで20歳以上であることを申告しないと購入できないようになっています。この年齢確認時に20歳以上であると、ウソの申請をしたのであれば、相手をダマしたことになり、取り消しができない場合があります。

また、契約を取り消すことができたとしても、クレジットカードなどの管理が不十分であったことを理由として、親が直接ゲーム会社から代金の請求を受けることも考えられます。

5 無断録音は証拠として使えるのか？

よく聞かれるのが、相手に無断で録音したデータは証拠として使えるのでしょうか？　という質問です。録音によって相手との会話を記録しておくことは、ダマされることを防ぐためにも、またダマされたときに被害を回復するためにも重要であることは既に説明したとおりです。ところが、相手に秘密で録音することが裁判の証拠として認められないとすると、その前提が覆ってしまうため重要な問題といえます。

結論から言うと、仮に相手に秘密で録音しても原則として証拠として使うことはできます。考え方としては、録音というのは、レコーダーという機器を使って正確に相手との会話を記録するという方法にすぎないからです。

会話の内容を紙とペンでメモに残すということは、疑いようもなく合法で問題のない行為です。録音というのは、紙とペンの代わりにレコーダーを使うという方法に違いがあるだけと考えられるのです。

しかし、すべての場合に証拠として許されるというわけではありません。判例などでは、「著しく反社会的な方法」によって録音された場合には、証拠として使用することは認められないと考えられています。たとえば、他人の家に勝手に忍び込んで盗聴器をしかけておいて会話の内容を録音するなどの方法や、録音をすることが明確に禁止されている場所において、無断で録音機を持ち込んで秘密録音をする場合などは、違法に集められた証拠であるとして使えない可能性があります。

ダマされそうになったときに、相手との会話を録音しておく分には問題はありません。たとえば、振り込め詐欺の被害にあいそうになったときに電話の内容を録音したり、訪問販売の業者との会話を録音するなどの行為が違法となることはあまり考えられません。

ダマされないために録音が効果的といえるのは、会社や職場でのやりとりです。会社や職場では、やりとりが会話で行われることが多いです。そのため、録音が有効な証拠となるのです。

上司からのパワハラ行為がきっかけで、会社にダマされ退職させられそうになったL川さん（30代男性）も、録音していたことで、ダマされずに済んだ一人です。

L川さんは、優秀な営業マンとして働いていましたが、会社のノルマが厳しくストレスからうつ病になってしまいます。そのため、休職をしていたところ、従業員の精神的な病気に理解のない上司から「うつ病なんて仮病だろ」「一家全員病気持ちか？」

など、パワハラ行為をくり返し受けたのです。そこでL川さんは、会社にこのことを訴えました。

ところが会社は、L川さんをかばうどころか、L川さんが上司に反抗的であるなどと言って、L川さんを解雇しようとし、その際「形式的に必要だから」とL川さんをダマし、L川さんに退職届を書かせました。

私はL川さんの代理人となり会社に裁判を起こしました。裁判の席で、会社側は案の定「L川さんは、自分の意思で退職したのだから会社に問題はない」と言いました。

そこで私が証拠として提出したのは、L川さんが録音していた音声データです。L川さんは上司からのパワハラ発言、そして社長から「形式上必要だから退職届を書いて」と言われたときの会話をすべて録音していたのです。

証拠を出した瞬間、勝負は決まりました。会社は一切反論がすることができず、裁判所はL川さんの言い分をすべて認める判決を出したのです。

このように録音はダマされないための有効な武器になります。自分の身を守るため、相手に秘密であっても躊躇なく録音してください。

6 高齢者を守るためには成年後見制度もある

詐欺師に狙われやすい属性の一番は高齢者であることです。内閣府が行った統計によると、いわゆる振り込め詐欺の被害者の8割は60歳以上の高齢者であるという結果が出ています。

高齢者には、ダマされてしまう要素がたくさん存在します。

高齢者は一般的に若い頃より判断能力が下がっている場合が多く、何が正しくて間違っているかの判断に時間がかかります。

家族と離れて暮らしている人は、困ったときに気軽に相談できる人がいません。さらに心配なのが、高齢者は一般的に貯蓄率が高くお金を持っているということです。そのため前述したリフォーム詐欺や、着物や布団といった高額商品をダマされて購入してしまうようなことが多くあるのです。

そのような高齢者の詐欺被害事件を防止するために有効な法律の手段が成年後見制度と呼ばれる制度です。成年後見制度というのは、物事の判断能力が不十分であったり、判断能力そのものを欠く状況がある人に対し、それぞれの段階に応じて後見人・

保佐人・補助人と呼ばれる、権限の範囲の異なる後見者を付して、財産管理の代理権や取消権などを与え、本人の判断能力を補う制度です。

たとえば、認知症でまったく物事の判断がつかなくなってしまったおじいちゃんに対しては、その子どもが後見人として裁判所から選ばれます。

そうすると、子どもがおじいちゃんの財産を管理する権限をもつことになり、また、おじいちゃんは、法律行為を行うときには、後継者である子どもの同意が必要になります。必要な状況でおじいちゃんの預金を引き出したり、不動産を売却したりということができるのです。たとえ妻であるおばあちゃんが同意していなくても、こうした法律行為の代理ができます。

なぜこの制度がダマされることを防止する効果があるかというと、後見制度が適用されれば、仮におじいちゃんが勝手に契約をしたとしても、その契約を後から後見者が取り消すことができるのです。

このように、後見者が同意しないで行った契約は取り消すことができるため、たとえ高齢者がダマされてしまってもそれをもとに戻すことができるのです。

成年後見制度は裁判所へ申立てをしたうえ、裁判所が必要と判断したときに、必要な人物を後見人等に任命しますが、これと異なり、裁判所ではなく、本人自身が後見人となって欲しい人を事前に指定しておくという制度もあります。任意後見制度といいます。

任意後見制度では本人の判断能力に問題がない時点で、誰を後見人とするかを指定することができます。その上で実際に判断能力に問題が生じたときに家庭裁判所が後見開始の判断をすると、事前に選定していた人が後見人になるのです。

この制度の利用により、本人の意思がより尊重されるという結果になります。


このように、判断能力の低下した高齢者がダマされないようにする後見制度が存在しますが、裁判所への申立てが必要であるなど、手軽に利用できる手段とまでは言えません。現実問題としては、両親と同居する、定期的にコミュニケーションの機会を設けるようにするなどの地道な行動が、ダマされないために効果的な方法なのかもしれません。

7 その借金、支払いは不要です!?「時効」の最低限の知識をもつ

「時効」と聞くとどのようなことを思い浮かべるでしょうか?

「殺人事件の犯人が時効直前で警察に逮捕される…」なんていう犯罪サスペンス・ドラマのワンシーンを思い浮かべるかもしれません（ちなみに刑事事件の時効は検察官が起訴しなければ停止しないので、時効直前で逮捕しても停止できないケースがあります）。

しかし本書で知っておいてもらいたい「時効」というのは、犯罪事件に関する時効ではなくて、民事事件の時効のことです。

民事上の「時効」は、わかりやすく言えば「権利」の使用期限のようなものです。法律上どんなに強力な権利があっても、一定の使用期限までに使わなければ権利はなくなってしまうのです。使用期限が決まっているクーポン券と同じです。

この「時効」も知っているか知らないかで、結論が大きく変わる法律知識です。

その実例が、私のところへ相談にきたM沼さんです。M沼さんは70代の男性。相談内容は、昔借りた借金について、突然請求書が送られてきたので戸惑っているという

お話でした。

聞けばM沼さんは、20年ほど前に消費者金融から100万円前後のお金を借りていたそうです。コツコツと返していたもののどうしても途中で返済ができなくなってしまいました。そんなときに仕事の関係で転勤となり、貸金業者からも返済の催告がされず、気がついたら20年間一切支払いをしていませんでした。それにも関わらず、最近になっていきなり請求書が届いたのです。

借金のことを思い出し、返済しようにもその請求書には過去20年分の遅延利息がたっぷりと追加され、最初に借りたお金を大きく上回る金額になっています。現在年金暮らしのM沼さんには到底返済はできない状況でした。

ここで私は、借金にも時効があることを伝えました。消費者金融からの借入の場合は、5年間で時効になります。最後に返済してから5年間返済をしていなければ、時効で消滅しているのです。

したがって、M沼さんの借金も法律上は時効で支払う必要がないということになります。

ただし、ここが時効制度のわかりにくいところなのですが、時効の期間が過ぎていても、「時効だからもう支払いません」ということを相手に伝えなければ（これを

「援用《えんよう》」といいます)、借金がなくなったことにはならないのです。

そして援用をする前に、一部でもお金を払ってしまったり、返済の意思を示したりすると、時効の期間はそこでリセットされてしまい。その時点から5年経過しなければ、時効といえなくなるのです。

お金を貸す方は、その法律を知っています。ですから、「とりあえず1000円でもいいから一部払ってください。そうすれば今日は引き下がります。」などと言って、時効をリセットさせようとするのです。

「時効」について知識がないと「1000円ならいいか」と考えて払ってしまいがちですが、それをしてしまうといくら弁護士が間に入ったとしても、どうにもならなくなってしまいます。実際M沼さんも、しきりに少しでもいいから払って欲しいと言われたそうです。

時効の期間は、権利の種類によってさまざまです。紙面の都合上すべてを紹介することはできませんが、すぐに調べられますので知りたい人は調べてみてください。

なお、いくら時効という制度があっても、初めから「時効にするから支払うつもりはない」というつもりでお金を借りたりする行為は詐欺罪になる可能性もあります。くれぐれも悪用しないようにしてください。

8 離婚時には「これ」だけは知らないとダマされます

私の事務所では離婚相談もよく受けます。その際に感じることは、離婚に関する最低限の知識がないばかりに、相手（配偶者）からダマされて不利な離婚条件を受け入れている人があまりにも多いことです。

「離婚するとはいえ、元々の配偶者なのだから悪いようにはしないだろう…」と油断をしているのかもしれませんが、これはまったく誤った考えです。

夫婦であっても離婚にあたっては赤の他人であり、お互いの利益を奪い合う関係にあると自覚する必要があります。むしろ「可愛さ余って憎さ百倍」という言葉にもあるように、まったくの他人よりも感情面でもつれていることも多々あります。お互いの弱点も知っているため、より一層注意が必要です。

私が相談を受けた経験では、離婚についての最低限の知識がないために、夫から理不尽な扱いを受けている女性がとても多くいます。たとえば、暴力を振るう夫と離婚したいにも関わらず、夫から「子どもの親権は絶対に俺がとる。長男は、家を継ぐものとして男親が親権を取れることになっている」と言われ、そんなことを信じてしまい息子と離れたくないがために不毛な結婚生活を強いられている人がいます。

以下、離婚にあたって最低限知っておくべき項目を挙げていきます。

まず、離婚にあたって財産分与を受けることができます。これはどちらが離婚を言い出したかは基本的に関係ありません。自ら離婚を申し出たからといって財産分与をしてもらえないということはないのです。

そして財産分与は、原則として夫婦の財産を2分の1にするようにします。夫名義の財産と妻名義の財産をすべて明らかにして半分で割るのです。このとき、相手（配偶者）が財産を隠して明らかにしないことがあります。裁判などの手続きを使えばある程度開示させることは可能ですが、隠し方によってはどうしようもない場合があります。そういった相手は離婚を切り出した段階で財産を隠そうとしますので、離婚を切り出す前に相手の財産をきちんと調べておきましょう。

次に慰謝料についてです。相手が浮気をしていた場合、相手に慰謝料を請求することができます。また、浮気の相手に対しても慰謝料を請求することができます。どちらでも好きな方に請求ができますが、二人分取れるというわけではありません。

また、慰謝料は離婚しなくても浮気をしていれば請求できますし、離婚を切り出したかどうかに関係なく請求できます。

そして子どもの親権についてですが、子どもが小さいうちは圧倒的に母親側が有利になっており、母親が親権をとることが多いです。また親権をどちらにするかは「子どもにとってどちらが親権者となることが適切か」という観点から決められます。そのため、たとえば浮気をしていた側が親権者となることもあります。離婚の原因がどちらにあるかとは、原則として関係がありません。

さらに親権者となり子どもを育てるようになると養育費を請求することができます。その金額は、子どもを育てる側と養育費を支払う側の年収によって決まります。その金額の計算には「養育費算定表」が使われています。インターネット上で検索するとすぐに出てきますので、簡単に計算ができます。

最後に、離婚が決まるまでの間、婚姻費用というわゆる生活費を相手に請求することができます。これも「婚姻費用算定表」という計算表により算定されます。やはりインターネット上にありますので調べてみましょう。

以上離婚にあたってダマされないための最低限の知識を書きました。

実際に離婚をするときはこれらのほかにも注意すべき点があるため、弁護士に相談することをオススメします。

9 知らないと大変なことになる!? 相続の法律知識

人が亡くなったときに初めて直面する「相続」。最低限の法律知識を知らなければ簡単にダマされて大変な目にあってしまうことがあります。

死亡した人の財産が一気に相続人に移転することになりますから、法律を知らないことで大きな損をしてしまったり、不利益を受ける可能性があります。

たとえば私が相談を受けたN垣さん（40代女性）もそうでした。N垣さんの実家は、地元で有名な大地主。N垣さんのお父さんが90代で死亡したとき、相続財産は、広大な土地と建物、そして家業の収入で築き上げた多額の現金でした。

N垣さんは3人兄妹で兄が2人いました。お母さんはすでに他界していました。そして、その長男がN垣さんをダマそうとしたのです。

長男は、「父は生前、長男である俺にすべての土地と建物の管理を引き継ぐように言っていた。それに昔から長男が一家の財産を相続するのが当たり前だ。だから、俺が全財産を相続する。」と言って、N垣さんには雀の涙ほどの現金をハンコ代として渡す提案をしてきたのです。

昔の時代ならいざ知らず、現代の法律では、相続人はみんな平等に相続の権利をもっています。ですからこの場合は、被相続人の子どもであるN垣さんにも2人の兄と等しく3分の1の相続権があり、長男の言い分にはまったく根拠がありません。

しかしN垣さんは、法律知識がないばかりに「そういうものなのか…」と思い、一時は遺産分割協議書にサインをすることも考えてしまったそうです。

相続の最低限度の知識を知らなかったばっかりに大損をしてしまう可能性があった典型例です。

また、相続では法律を知らないと、予想もしなかった不利益を受ける可能性があります。それは、被相続人である故人が借金を抱えているような場合です。法律では借金も相続されるのです。

死亡した被相続人が借金をしていた場合、その借金はそのまま相続人に引き継がれます。たとえば、父親が貸金業者から借金をしていた場合、母親と自分および兄弟がそれぞれ均等に借金の支払い義務を相続してしまうのです。

それを防ぐためには「相続放棄」という手続きをする必要があります。

「相続放棄」というのは、家庭裁判所に申告して「相続権を放棄しますので、故人から財産や借金は一切引き継ぎません」ということを表明することです。これをしておけば、故人の借金を背負わずに済むことができます。

相続放棄に関して知っておいてほしいことは、まず申告を相続開始を知ってから3ヵ月以内にしなければならないということです。

相続開始を知ったときというのは、故人が死んだことを知った日とだいたい同じですから、通常相続される人が死んだときからになります。人が死んだときは葬式や法要などでなにかと慌ただしく、相続の内容など細かいことにまで気が回らないうちに、3ヵ月なんてあっという間に過ぎてしまいます。この3ヵ月という期間は覚えておきましょう。

また、相続放棄をしたときには、借金などのマイナスの財産だけではなく、プラスの財産も受け取れなくなってしまいます。たとえば借金が1000万円あったとしても、2000万円の価値がある土地や建物があれば、相続していたほうが良いことになります。

その判断をするために、放棄をするかどうかを決める3ヵ月の間に故人の財産をきちんと把握する必要があります。後のトラブルをなくすためにも、家族が死亡したらすぐにでも、故人の身の回りのものを確認し財産状況を把握するようにつとめましょう。

最後に相続に関して知っておいてほしいことは「遺留分《いりゅうぶん》」の存在です。

遺留分というのは、相続人が最低でももらうことができる相続の権利です。たとえば、故人が「財産のすべてを愛人に与える」という遺言を残したとしても、残された妻や子どもが一円ももらえないということにはなりません。最低でも財産の半分は、法律で定められた相続人に残すように、法律で定められているのです。

「すべてを残す」と言われたのが愛人ではなく、相続人のうちの一人であっても同様です。

本書では詳しくは説明しませんが、相続人には最低限の取り分がある、ということを覚えておいてください。

ダマされるのはあなたが悪い!!

おわりに

本書を最後までお読みいただき、ありがとうございました。

これまで私が経験した事実をもとに、
なぜ人はダマされてしまうのか?

人をダマそうとする人がどのような手口を使っているのか?

ダマされないためにはどうすればいいのか? などをお話ししてきました。

本書をここまで読んでいただいた方であれば、読む前に比べて相当ダマされにくい人になったことでしょう。


この巻末を借りて、弁護士としてみなさんに申し上げたいことがあります。

ダマされてしまった場合に、ぜひ弁護士に相談を、と本書の中でもお伝えしてきましたが、それをもっと円滑で有効なものとするためにお役立ていただきたい事柄です。

弁護士は職業柄いろんな方にお会いします。しかし相談に来られる人のなかでも、弁護士が対応に困ってしまう、被害救済のためのお手伝いをしにくい方々がいます。

多くの方は大丈夫だとは思いますが、万が一、みなさんが不幸にしてトラブルに巻き込まれた際に、次のようなことで弁護士と前向きな関係を築いていくことを難しくしてしまうことがあるということを心のどこかでおぼえていてください。

まず最初は、「ウソをつく」です。

相談にきたにも関わらず、弁護士に対しても事実を隠したり、ウソをついてしまう人がいるのです。といっても、多くの場合、悪意をもってそうしているわけではありません。自分がダマされてしまったことが恥ずかしかったり、少しでも自分を賢く見せたかったりするために、そういったことをするのでしょう。

しかし、弁護士からすると、依頼者から聞いた話が事件に対応するために必要な情報の大部分なのです。それにウソや、知らない事実があったりすると、適切な対処ができません。本当は契約書にサインしたのに、非難されると思うのか「サインはしていないと思う」などと言う人がいます。こうなると意味のある交渉ができなくなってしまいます。

それによって不利益を受けるのは結局本人です。弁護士には守秘義務があり、聞いた事実を第三者に漏らすことはありませんので、安心してすべてを話してください。

次に多いのは「弁護士の法律的な判断や事件対応の方針を理解してくれない」人です。これは知っておいていただきたいのですが、弁護士が関与したとしても、ダマされてしまった被害をすべて完全に回復することは実はとても難しいことです。もちろん全力は尽くしますが、現在の法律ではここまでしかできないという場合や、この部分は諦めるしかない、ということもあるのです。しかし、いくらそういったことをご説明しても「絶対にすべて被害を回復してもらわないと納得できない」「私の知り合いが、すべての賠償をしてもらえるはずと言っていた」などと言って受け入れてくれない人もいるのです。

ですが、被害のすべてを回復することにこだわることで、逆に一部の被害回復も受けることができなくなるということもよくあります。もちろん、弁護士の説明に納得できなければきちんと説明を求めるべきですが、根拠なく持論や、他人の意見、体験談などに固執することはやめたほうがいいでしょう。

最後に、「この人はまたダマされてしまうだろうな」と思ってしまうのは、「ダマされたことをまったく反省しない」人です。もちろんほとんどの場合、ダマそうとする人が悪いのです。ダマされた人にばかり落ち度があるわけではありません。

それでも同じ詐欺師を相手にしてもダマされる人とダマされない人がいるわけですから、ダマされた人にも何らかの問題はあったのではないでしょうか。まったく反省すべき点がなかったとは言えないのではないでしょうか。

自分がなぜダマされてしまったのか、少しでも反省できる人は、次にダマされる可能性は低くなるでしょう。

逆に「ダマした相手が悪い」「取り締まりをしない警察が悪い」としか考えない人は、失敗から学ぶことができずに、またダマされてしまう可能性があるのです。

ドイツ作家のゲーテはこんな言葉を残しました。それは

「人にダマされることは決してない。自分にダマされるのだ」

というものです。

人間はダマされたとき、自分以外の存在にその責任を押しつけてしまいがちですが、本当は自分にその原因があるのだということを端的に表した言葉だと思います。

ダマされた原因が自分にあることをしっかりと認め、その上で何が悪かったのか考え、同じことをくり返さないために行動していく、それがダマされない人間になるための一番の近道です。

本書を読んでくださった皆様が、これをきっかけに、少しでもダマされない人になっていただければ著者として望外の喜びです。

最後に本書の執筆にあたり、お世話になった皆様に御礼を申し上げたいと思います。本書の編集にあたり、打ち合わせを重ね丁寧な編集作業をしていただいた株式会社法研の市田花子さん。企画段階からお付き合いいただき、何度も知恵をお貸しいただいたプレスコンサルティングの樺木宏さん。お二人の協力がなければ本書が世に出ることはありませんでした。

加えて、本書を最後までお読みいただいた読者のあなたへ、最大限の感謝をいたします。ありがとうございました。

平成26年5月吉日

間川　清

参考文献

●『詐欺とペテンの大百科（新装版）』　カール・シファキス　青土社
●『良心をもたない人たち』　マーサ・スタウト　草思社
●『影響力の武器［第二版］』　ロバート・B・チャルディーニ　誠信書房
●『説得とヤル気の科学―最新心理学研究が解き明かす「その気にさせる」メカニズム』　スーザン・ワインチェンク　オライリー・ジャパン
●『イヤになるほど人の心が読める』　ヘンリック・フェキセウス　サンマーク出版

●著者

間川 清（まがわ きよし）

1978年生まれ。25歳で司法試験合格後、勤務弁護士を経て現在はセントラル法律事務所を経営。損害賠償事件、相続事件、離婚家事事件、刑事被告人弁護など、年間200件以上の弁護士業務を担当。多数の詐欺被害対応案件を担当するほか、殺人事件の被害者遺族への謝罪、性犯罪被害者への謝罪・示談交渉など、さまざまなトラブル解決にあたっている。また、謝罪術や時事問題の法律解説について、テレビ・ラジオへの出演、雑誌への記事掲載などメディア活動も行う。

著書に『うまい謝罪』(ナナ・コーポレート・コミュニケーション)、『気づかれずに相手を操る交渉の寝技』(WAVE出版)など多数。

ダマされない技術

平成26年8月28日　第1刷発行

著　　者　間川　清
発 行 者　東島俊一
発 行 所　株式会社 法 研
〒104-8104　東京都中央区銀座1-10-1
販売 03(3562)7671 ／編集 03(3562)7674
http://www.sociohealth.co.jp
印刷・製本　研友社印刷株式会社　0102

SOCIO HEALTH
小社は㈱法研を核に「SOCIO HEALTH GROUP」を構成し、相互のネットワークにより、〝社会保障および健康に関する情報の社会的価値創造〟を事業領域としています。その一環としての小社の出版事業にご注目ください。

ISBN 978-4-86513-008-9 C0077　定価はカバーに表示してあります。

乱丁本・落丁本は小社出版事業課あてにお送りください。

送料小社負担にてお取り替えいたします。